隱元隆琦

高僧傳

日本黃檗宗初祖

編撰——胡建明

【編撰者簡介】

胡建明

生於一九六五年，上海市人，文學博士、哲學博士。一九九〇年留學日本東京，一九九六年留學德國海德堡。現任職於日本東京駒澤大學佛教經濟研究所，兼中國人民大學高等宗教研究院客座研究員。主要從事中國哲學、華嚴學、禪宗美術史等方面之研究。

出版專著包括：《中國宋代禪林高僧墨蹟研究》（東京，春秋社，二〇〇七）、《宋代高僧墨蹟研究》（杭州，西泠印社出版社，二〇一一）、《圭峯宗密思想の綜合的研究》（東京，春秋社，二〇一二）、《宗密思想綜合研究》（北京，中國人民大學出版社，二〇一三）等。在中外專業期刊及海內外學術會議上發表論文百餘篇。

【「高僧傳」系列編輯序】

令眾生生歡喜者，則令一切如來歡喜

「為佛教，為眾生」六個字，乃是印順法師於臺北市龍江街慧日講堂（後因大門遷移，地址遷至朱崙街）為證嚴法師授予三皈依、並賜法名時的殷殷叮囑：「既然出家了，你要時時刻刻為佛教、為眾生。」

依證嚴法師解釋：「為佛教」是內修清淨行，「為眾生」則要挑起如來家業，走入人群救度眾生。因此法師稟承師訓，一心一志「為佛教還原教義，為眾生點亮心燈」，而開展慈濟眾生的志業。

歷代高僧之「為佛教、為眾生」

證嚴法師開創「靜思法脈，慈濟宗門」，並將其與「為佛教，為眾生」合釋：「靜思法脈」乃「為佛教」，是智慧；「慈濟宗門」即「為眾生」，是大愛。

進而言之，「靜思法脈，慈濟宗門」即菩薩道所強調的「悲智雙運」：「靜思法脈」是「智」，「慈濟宗門」是「悲」；傳承法脈、弘揚宗門就要「悲智雙運」，積極在人間發揮慈、悲、喜、捨四無量心。此亦即慈濟人開展四大志業、八大法印時的根本心要。

由其強調「悲智雙運」可知，「靜思法脈，慈濟宗門」並非標新立異，而是傳承佛陀教法以及漢傳佛教歷代高僧的教誨——包括身教與言教，並要求身心皆徹底踐履。為了讓世人明瞭慈濟宗門之初心與悲願，也讓這些歷代高僧的事蹟與精神更廣為人知，大愛電視臺秉持證嚴法師的信念，於二〇〇三年起陸續製作《鑑真大和尚》與《印順導師傳》動畫電影，將佛教史上高僧大德的動人故事，經由動畫電影的形式，傳遞到全世界。

因為電影的成功，大愛電視臺進一步籌畫更詳盡的電視版〈高僧傳〉——採取臺灣民眾雅俗共賞的歌仔戲形式。〈高僧傳〉的每一部劇本都是經過數個月的資料研讀與整理，縝密思考後才下筆，句句考證、字字斟酌。製作團隊感受到每一位大師皆以身作則、行菩薩道的特質，希望將每位高僧的大願與大行傳遍世界。

然而，不論是動畫或戲劇，恐難完整呈現《高僧傳》中所載之生命歷程，以及諸位高僧與祖師之思想以及對後世之貢獻。因此，慈濟人文志業中心便就〈高僧傳〉歌仔戲所演繹過的高僧，以《高僧傳》及《續高僧傳》之原著為基礎，含括了日、韓等國之佛教史上的知名高僧，編撰「高僧傳」系列叢書。我們不採取坊間已有之小說體形式，而是嚴謹地參照人物評傳的現代寫法，參酌相關之史著及評論，對其事蹟有所探討與省思，並將其社會背景、思想及影響皆納入，雜揉編撰，內容包括高僧的生平、傳承及主要思想或重要經典簡介。從中，我們不僅可以讀到歷代高僧的智慧與悲心，亦可一覽相關的佛教史地、典籍與思想。

在編輯過程中，我們可以看到歷代高僧之「為佛教，為眾生」：鳩摩羅什飽受戰亂、顛沛流離，仍戮力譯經，得令後人傳誦不絕，乃是為利益眾生；玄奘歷萬里之險取得梵本佛經、致力翻譯，其苦心孤詣，是為利益眾生；鑑真六次渡海欲至東瀛傳戒，眼盲亦不悔，是為利益眾生；六祖惠能隱居十五載以避害身之禍，只為弘揚如來心法，並言「佛法在世間，不離世間覺；離世求菩提，猶如覓兔角」，亦是為利益眾生……

這些高僧祖師大可獨善其身、如法修行以得解脫，為何要為法忘身、受諸逆境而不退？究其根本，他們不只是為了參究佛法，而是深知弘揚大乘佛法的目的乃在於大慈大悲地度化眾生、讓眾生能得安樂；若不能讓眾生同霑法益，求法何用？如《大智度論．卷二七》所云：

一切諸佛法中，慈悲為大；若無大慈大悲，便早入涅槃。

由此可知，就大乘精神而言，「為佛教」即應「為眾生」，實為一體之兩面。

「大悲」為「諸佛之祖母」

除了歷代高僧之示現，「為眾生」之菩薩道的實踐，於經教中更是多不勝數、歷歷可證。例如，《無量義經．德行品第一》便說明了菩薩作為眾生之大導師、大船師、大醫王之無量大悲：

無量大悲救苦眾生，是諸眾生真善知識，是諸眾生大良福田，是諸眾生不請之師，是諸眾生安隱樂處、救處、護處、大依止處。處處為眾作大導師，能為生盲而作眼目，聾劓啞者作耳鼻舌；諸根毀缺能令具足，顛狂荒亂作大正念。船師、大船師運載群生渡生死河，置涅槃岸；醫王、大醫王，分別病相曉了藥性，隨病授藥令眾樂服；調御、大調御，無諸放逸行，猶如象馬師，能調無不調；師子勇猛，威伏眾獸，難可沮壞。

如來於《法華經．觀世音菩薩普門品》中宣說，觀世音菩薩更以三十三種應化身度化眾生：

佛告無盡意菩薩：善男子，若有國土眾生，應以佛身得度者，觀世音菩薩即現佛身而為說法；應以辟支佛身得度者，即現辟支佛身而為說法；應以聲聞身得度者，即現聲聞身而為說法；應以梵王身得度者，即現梵王身而為說法；應以帝釋身得度者，即現帝釋身而為說法……應以天龍、夜叉、乾闥婆、阿修羅、迦樓羅、緊那羅、摩侯羅伽、人非人等身得度者，即皆現之而為說法；應以執金剛神得度者，即現執金剛神而為說法。無盡意，是觀世音菩薩成就如是功德，以種種形遊諸國土，度脫眾生，是故汝等應當一心供養觀世音菩薩。是觀世音菩薩摩訶薩，於怖畏急難之中能施無畏，是故此娑婆世界皆號之為施無畏者。

為何觀世音菩薩要聞聲救苦？因為菩薩總是「人傷我痛、人苦我悲」，恆以「利他」為念。如《大丈夫論》所云：

菩薩見他苦時，即是菩薩極苦；見他樂時，即是菩薩大樂。以是故，菩薩恆為利他。

正是因為這般順隨眾生、「以種種形」而令其無畏的無量悲心，讓觀世音菩薩受到漢傳佛教乃至於華人民間信仰的共同崇敬。慈濟人之所以超越貧富、超越國界、超越宗教地去關懷與膚慰需要幫助的生命，便是效法觀世音菩薩無量悲心、無量應化的精神。

在《法華經‧普賢菩薩勸發品》中發願、將於佛滅後守護及教導受持《法華經》之眾生的普賢菩薩，於《華嚴經‧普賢行願品》中則教導善財童子如何供養諸佛，亦揭示了如來、菩薩、眾生的關係：

於諸病苦，為作良醫；於失道者，示其正路；於闇夜中，為作光明；於貧窮者，令得伏藏。菩薩如是平等饒益一切眾生。何以故？菩薩若能隨順眾生，則為隨順供養諸佛；若於眾生，尊重承事，則為尊重承事如來；若令眾生生歡喜者，則令一切如來歡喜。何以故？諸佛如來，以大悲心而為體故。因於眾生，而起大悲；因於大悲，生菩提心；因菩提心，成等正覺。……若諸菩薩，以大悲水饒益眾生，則能成就阿耨多羅三藐三菩提故。是故菩提，屬於眾生；若無眾生，一切菩薩終不能成無上正覺。善男子，汝於此義，應如是解。以於眾生心平等故，則能成就圓滿大悲；以大悲心隨眾生故，則能成就供養如來。

《大智度論・卷二〇》亦云，佛陀強調，大悲心乃是諸佛菩薩之根本，具大悲心方能得般若智慧，亦方能成佛：

大悲，是一切諸佛、菩薩功德之根本，是般若波羅蜜之母，諸佛之祖母。菩薩以大悲心，故得般若波羅蜜；得般若波羅蜜，故得作佛。

「菩薩若能隨順眾生，則為隨順供養諸佛；若於眾生，尊重承事，則為尊重承事如來；若令眾生生歡喜者，則令一切如來歡喜。」閱及此段，不禁令人深深體會證嚴法師之智慧與悲心：慈濟宗門四大、八印之聞聲救苦、無量應化地「為眾生」，也是同時「為佛教」地供養諸佛、令一切如來歡喜啊！

歷代高僧雖未如慈濟宗門般推動慈善、醫療、乃至於環保、國際賑災等志業，乃因其時空因素，欲度化眾生先以弘揚大乘經教與法義為重；現今經教已備，所須的乃是效法菩薩道之力行實踐！慈濟宗門便是上承歷代高僧與經論之教法，推動四大、八印，行菩薩道饒益眾生，以此供養如來。

換言之，歷代高僧之風範、智慧及悲願，為佛教，也為眾生，此即諸佛菩薩之本懷，亦為慈濟宗門之本懷！這便是《高僧傳》系列叢書所欲彰顯者。

遙企歷代高僧儼然身影，我們可以肯定：為眾生，便是為佛教；為佛教，一定要為眾生！

【編撰者序】

重開日本禪宗新氣象的隱元禪師

眾所周知，佛教誕生於古代印度，傳到中國後，漸次形成與中國本土文化相融合的諸多學派與宗派，並成為北傳佛教中最具有生命力與發展潛力的宗教勢力之一。

在眾多佛教宗派之中，唐代以後確立「五宗七派」傳承的禪宗，成為中國佛教的主流宗派之一。日本與朝鮮半島以及越南等國的佛教，基本上的源頭可說皆出自中國佛教；而中國的禪宗，在各個重要的歷史時期對東亞地區、尤其是對日本產生了巨大影響。

以中國禪宗為母胎的日本臨濟宗、日本曹洞宗、日本黃檗宗，都是直接傳承了中國宋明時代禪宗的三大禪門宗派。本書欲論述的日本黃檗宗開山祖師隱元隆琦禪師（西元一五九二至一六七三年），就是在明末清初東渡傳播禪法的最重要禪門高僧之一。

筆者此次承蒙臺灣慈濟傳播人文志業基金會出版部主編賴志銘博士的邀稿，受命編撰黃檗宗隱元禪師的傳記，實在因緣殊勝！在此之前，筆者已經受命寫就並上梓了日本曹洞宗初祖《道元禪師》一書，這次當然又是一份很重的囑託，筆者既倍覺榮幸又深感惶恐。

筆者的研究範圍主要是唐宋時代的佛教思想史與藝術史，對於明清時期的佛教研究，相較於專家學者，實有很大不足。雖然也曾寫過一些關於隱元禪師的師祖天童密雲圓悟（一五六六至一六四二年）以及其師徑山費隱通容（一五九三至一六六一年）等相關論文，對隱元的著作以及日本黃檗宗的文獻之閱讀，則仍嫌愧對方家。

因此，在受邀執筆之後，利用新冠肺炎疫情期間的閒暇，取出在書架上已經積了薄塵的《隱元全集》與《普照錄》等黃檗宗文獻，參考日、中研究者的論著，以及對相關的論文加以翻閱瀏覽，頗有一點臨時抱佛腳的感覺；不過，若不經一番深究沉思，我是不敢隨便下筆的。

從主觀上來說，我對黃檗隱元一直抱有一種不同尋常的親近感。因為，從我至今為止的人生行學歷程中，與四百多年前就降生的隱元，總有著一些似乎隱而常顯的關聯。於此略舉兩三例如下——

三十數年前，即在筆者留學日本之前，曾在浙江寧波天童禪寺深得法緣，後又得臨（臨濟）、曹（曹洞）兩家法卷。記得傳法本師在傳法時說，此是傳臨濟正宗天童密雲派之法脈，乃由密祖下天童林野通奇禪師直傳而來；通奇禪師法兄中有費隱通容者，其高徒黃檗隱元隆琦禪師東渡日本，樹立黃檗一宗，在日本歷代御賜國師及大師尊號；子乃同宗同派中人，望善自護持。在得曹洞法卷時，傳法本師則說，此是曹洞正宗無明慧經禪師所傳壽昌派法卷，其法派下有東皋禪師心越興儔（一六三九至一六九五年）東渡日本，傳曹洞之法；汝也當精進，切記莫忘。

所以，筆者雖然平庸菲才，倒也不敢數典而忘祖，到日本後，時時留心斯道。記得在一九九二年，隱元禪師誕辰四百年遠忌大法會時，登臨京都宇治市黃檗宗大本山黃檗山萬福寺；於二〇一一年，參加了黃檗山萬福寺開創三百五十周年的紀念法會與相關的文化活動。

上世紀九十年代裡，曾數次隨從天童寺方丈廣修長老、明暘長老等正式訪問萬福寺；當時，萬福寺的住持與隱元一樣也姓林。有一次在賓主茶席上，我特意問道：莫非林禪師與開祖為同族宗親？林住持正色答道：不肖法孫，忝為開山守塔！我聞之深為感欽。爾來三十餘年，筆者參訪京都黃檗山不下二十回。有此法門勝緣，故我不敢推辭寫書之請。

除了萬福寺之外，我又數次去歷訪了隱元禪師在長崎等地住持過的寺院以及黃檗宗在全國各地的重要寺院，進行過一些田野實地考察。

五年前，我從美國洛杉磯禪修中心回日本，受在廈門大學哲學系任教的林觀潮博士之邀，請我回大陸去其故鄉福州福清參訪黃檗祖蹟，於是欣然而往。林博士是隱元禪師的同鄉，篤信佛教。以前我在東京讀禪學，他在京都的佛教名校大谷大學研究佛學，是黃檗宗的專家；可說，他既是我的佛門同道，又是學界畏友。

他陪同我參訪了林氏祠堂與隱元出家的印林寺，還開車帶我去了正在修繕大殿諸堂閣中的福清黃檗山萬福寺，以及參訪了與隱元有關係的多處勝地。林博士是本邑人，又是行家，一路上聽他娓娓講解黃檗隱元，如數家珍，真是受教匪淺！

照理說，此書應該請他來寫；如果林博士肯寫的話，當然太適合不過了。但是，林博士是文化名人，日常有很多重要的社會活動以及大學教務要處理，恐他難以允諾示現他的傳家寶刀。無奈，不慧只好權為代勞，等書稿付梓後，再奉上拙著，伏請林學長加以叱正了。又因有如此這般的人事及下情之由，我只好委曲聽命，不敢推辭撰寫此書的委任。

按《行實》和《年譜》等文獻資料可知，隱元隆琦於明神宗萬曆四十八年・明光宗泰昌元年（一六二〇）二月十九日，其二十九歲時隨黃檗山鑑源興壽（？至一六二六）出家。出家之後，為了修繕荒圮的黃檗道場，領疏北上化緣。當時燕京有警，故裹足滯留於吳越，參學中初聞費隱通容之名。

明熹宗天啟四年（一六二四）在海鹽行腳時，得聞天台通玄寺有一代高僧密雲禪師，欲前往參學。正好是年五月六日，密雲轉住金粟山廣慧禪寺；於是折道嘉興，在密雲會下參學而有省，深得密雲禪旨。

明毅宗崇禎六年（一六三三）冬，因密雲移錫寧波阿育王山，其法子費隱通容來繼席黃檗山。隱元遂在會下參究，於費隱棒喝下得以明心見性。

崇禎九年（一六三六），隱元四十五歲時，得費隱傳法，成為臨濟正宗第三十二代傳人。翌年，因費隱移錫越地，經眾人推舉，隱元於十月初一日繼席初住黃檗山。此時，密雲住天童，費隱住金粟，祖孫三代遂名聞於天下禪林。

而後，隱元又住持了浙江嘉興府崇德縣福嚴禪寺、福州府長樂縣龍泉禪寺，並於清順治三年（一六四六）至順治十一年（一六五四）之間，第二次住持黃檗山萬福寺。是年六月，由中左所（今廈門）乘坐鄭成功的船舶攜弟子數人東渡日本；到了長崎的隱元，已經是六十三歲高齡的老和尚了。

在日本，隱元相繼住持了長崎東明山興福禪寺、長崎聖壽山崇福禪寺、攝州（今大阪府高槻市）慈雲山普門寺。於日本萬治三年（一六六〇）得到京都山城國宇治郡大和田的賜地，翌年寬文元年（一六六一）開創新寺；因念故鄉福清黃檗山萬福寺故，遂也命名為黃檗山萬福寺。是年，隱元正值古稀之年，本師費隱和尚在徑山萬壽寺圓寂，世壽六十九歲。

日本黃檗山萬福寺的開闢，是中日佛教史上一件極為重要的大事；因為，隱元為首的臨濟正宗黃檗派禪——即明朝禪，從此大興於日本。繼宋人所讚的江西黃檗山與福清黃檗山之「天下兩黃檗」之美譽後，又有了京都與福清的「東西兩黃檗」之稱；在當時，也有人將京都黃檗山稱為「新黃檗」，而將福清黃檗山則稱作「古黃檗」。

京都黃檗山創立後，經開山祖師隱元與其門人徒孫們的不斷努力，形成了新興禪宗宗派日本黃檗宗。自初代隱元開始至第十三代住持竺庵淨印（一七二三年東渡）為止，都是由東渡來的黃檗山中國禪僧擔任住持，持續了七十餘年，人數達到近百人，可謂是名符其實的「唐寺」。黃檗宗以明代臨濟宗的新禪風傳播日本各地，發展成為有十三個門流的一大宗派，法脈綿延至今。

筆者認為，隱元所創立的日本黃檗宗，在宗風傳播方面，與宋元的諸多東渡高僧所傳來的臨濟宗、曹洞宗有如下三點不同——

（一）長時期保持了比較純粹而獨立的中國本土臨濟禪的宗門傳承與山規法度，繼承和發揚了明代禪以「禪淨雙修」、「藉教悟宗」的優良傳統；同時，在佛教儀禮上，有禪、戒、淨、密相融合的特色。黃檗宗所確立的一宗本山制以及嚴格的住持傳承制度，對當時日本禪宗各派都產生了相當大的影響。

（二）在日本黃檗宗的形成與發展中，向日本社會源源不斷地傳播中國文化。除了新禪風之外，在建築、佛像、文學、繪畫、書法、篆刻、印刷出版、醫學、音樂（梵唄），乃至飲食、喫茶等方方面面，深深地影響了當時江戶時代的日本社會，被稱為「黃檗文化」，比如黃檗宗的煎茶道、普茶料理等，至今為人津津樂道。

饒有趣味的是，據說，現在日本佛寺中常用的木魚等法器，是隱元東渡後開始的；另外，隱元帶過去的新豆種，後來被日本人喚做「隱元豆」。

（三）東渡之後，依舊保持與本國本宗的密切聯繫，尤其重視與日本華人（唐人）社會的宗教生活相結合，這與宋元時期的東渡禪僧的做法有很大不同；因此，有著比較強盛的生命力與存在感。

當然，黃檗宗也積極與日本皇室、江戶幕府、佛教各宗派以及文化界等保持良好關係與交流，由初期被猜疑、排擠，漸漸得到信任、歸依，由弱小教團漸漸充實為蔚然一大宗，確立了在日本禪宗界不可動搖的崇高地位，漸與日本臨濟宗與曹洞宗兩大禪門形成了鼎足之勢。

可以說，正是因為隱元的崇高人格與寬大胸懷，以及初期黃檗宗所具有的獨立精神與獨特禪風，打破了日本中世以來佛教界的沉滯之氣，開闢了日本禪宗的新天地，為中日佛教史翻開了新的一頁。

隱元與宋元時代的東渡高僧一樣，都懷著故國江山易色、異族鐵騎蹂躪的悲痛之情，毅然冒著鯨波萬頃，踏上遠涉扶桑之旅途。但是，同為遺民的隱元，與史上東渡的古德前賢們相比，誠然作出有過之而無不及的偉業，青出於藍，開啟一代新風尚。

關於隱元的生平以及日本黃檗宗的史話，且容我在本書中逐一解說。

目錄

示現

（明史・莊烈帝〔崇禎〕）在廷則門戶糾紛，疆埸則將驕卒惰；兵荒四告，流寇蔓延。遂至潰爛而莫可救，可謂不幸也已。

（隱元）遂發心持素，投潮音洞主，領茶頭執事，日供萬眾，不以為勞。洞主喜曰：此佛子，真菩薩之使也！其信心不懈怠如此。

影響

附錄

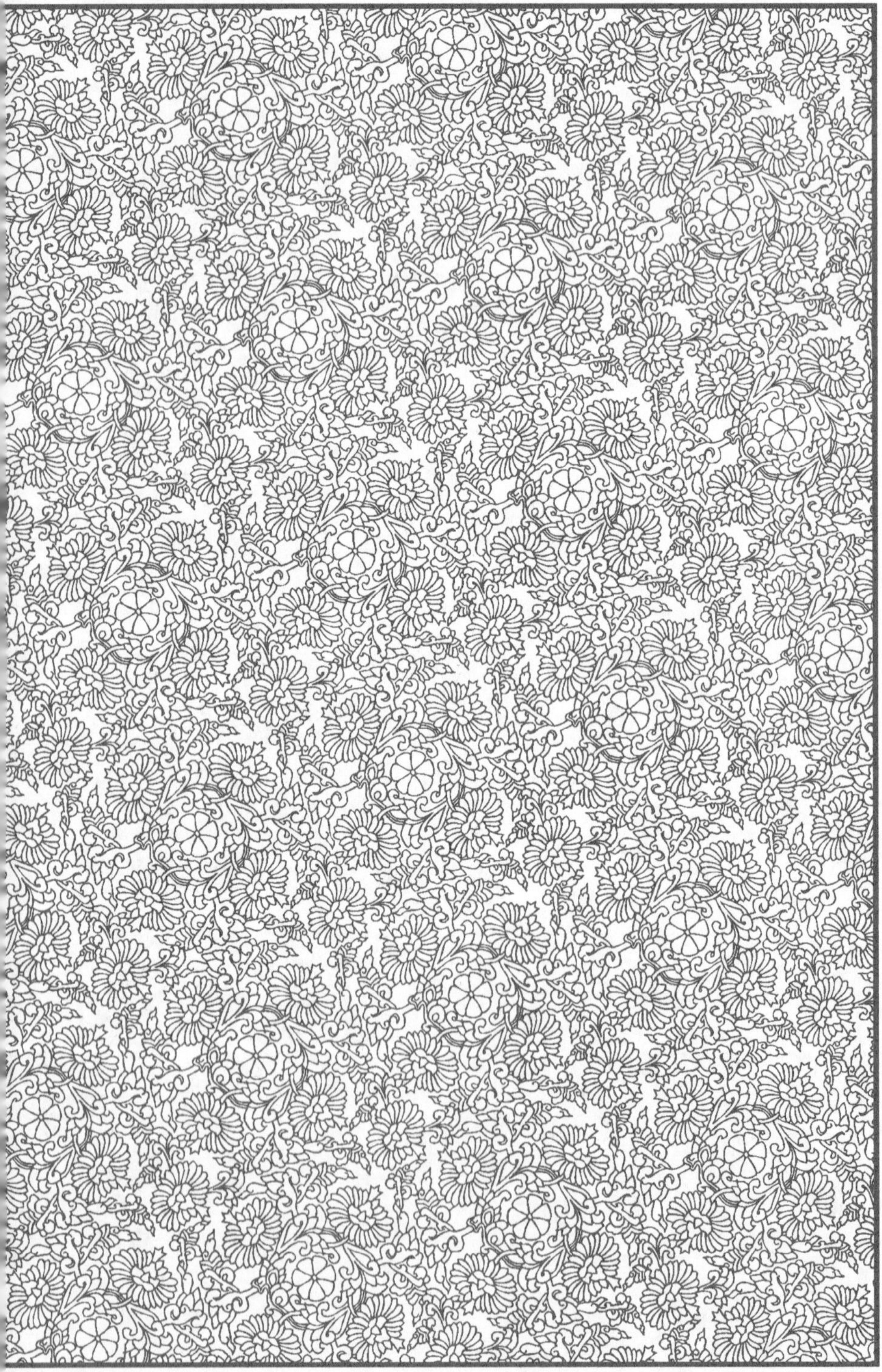

示現

西山朱朱扶摇

風幻出勢山不盡

功名自心作飯

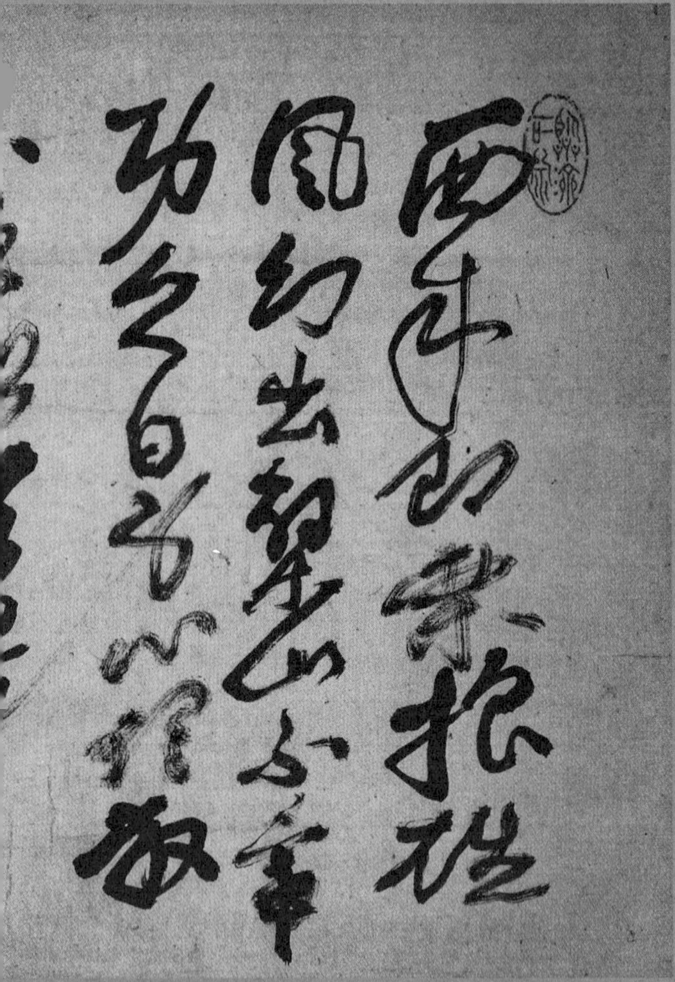

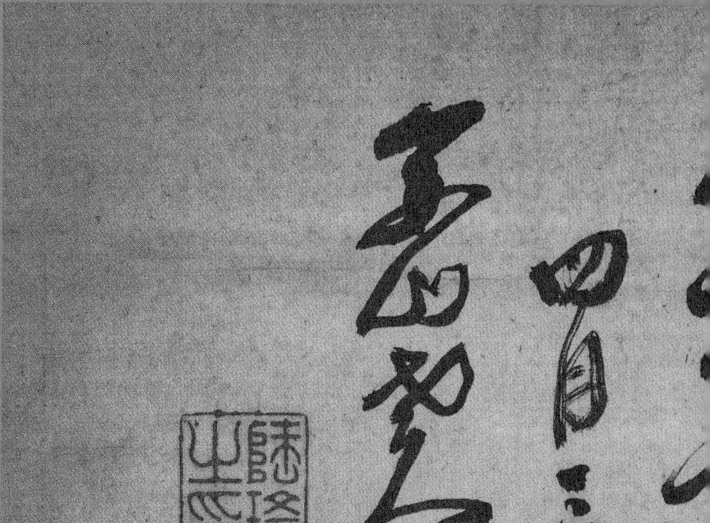

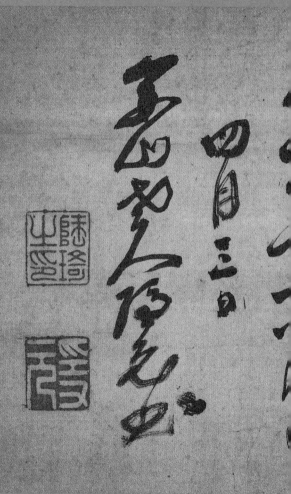

隱元遺偈：西來椰栗振雄風，幻出檗山不宰功；
今日身心俱放下，頓超法界一真空。

序章　隱元所處的時代背景與宗教情況之概述

（明史·莊烈帝（崇禎）一）在廷則門戶糾紛，疆埸則將驕卒惰；兵荒四告，流寇蔓延。遂至潰爛而莫可救，可謂不幸也已。

眾所周知，中國的禪宗由達摩五傳到盛唐時期弘忍的東山法門之後，分出以兩京為中心的神秀、與遠在嶺南為傳法之地的惠能為派祖的北宗與南宗，史稱「南頓北漸」的兩大禪宗勢力。

安史之亂之後，經惠能的弟子荷澤神會在中原地區對南宗頓門宗旨的標榜和鼓吹，北宗受到頗大排擠，逐漸由盛轉衰，乃至絕響。之後，南宗湖南南嶽懷讓門下馬祖道一和江西青原行思門下的石頭希遷等兩支異軍突起，宗風猛烈，滿庭龍象。中唐乃至五代之後，形成了以南嶽下繁衍出來的臨濟、溈仰，以及青原下派生出來的曹洞、雲門、法眼，合為五宗；加上後來臨濟下再支分出的黃龍、楊岐兩派，合稱「五家七派」的禪宗。

到了北宋中晚期及至南宋時期，楊岐派一躍成為禪宗的主流，其他禪宗門派則日顯式微；黃龍、曹洞、雲門的宗師們全力堅守孤壘，尚保持著一定的宗勢。黃龍、楊岐、曹洞三宗的禪法，在宋元兩代都遠播到了東鄰日本。

到了明代，中國佛教基本上處於日漸衰微的狀態；禪宗基本上是臨濟宗的楊岐派，曹洞宗則存下南方一隅的壽昌派。

明末清初的社稷動盪

明太祖朱元璋在政治上尤其尊崇儒學，以程朱理學作為立身治國之本；而尊奉理學的文人士大夫，對道、釋兩教的教義則十分輕視和排斥。

到了嘉靖年間（西元一五二二至一五六六年），明世宗特別重視道教，而對佛教多採取壓制的政策，使得佛教各宗派在當時社會政治和文化環境與條件下，出現整體上的頹勢。

明萬曆、天啟、崇禎三朝七十一年間（一五七三至一六四四年），正好是本書主人公隱元（一五九二至一六七三年）所處的明末時期。隱元八十二年的生涯，五十三年的歲月在明朝度過；明亡十年後，從隱元六十三歲東渡算起，共在日本弘法十九年。如果將隱元的八十二年的生涯粗分為四，則約四分之三的時間在明末清初，約四分之一的時間生活在南明清初之際、以及日本江戶時代的承應三年（一六五四年）至寬文十三年（一六七三年九月二十一日改元延寶）。

明末的崇禎帝雖然有勵精圖治的志向，但久已廢弛的政治制度已經無力挽回；加上國內李自成、張獻忠等流寇起義動亂，以及關外後金滿洲族的鐵騎壓境，可謂是內憂外患，一籌莫展。

國本之爭

明朝頹勢發端於萬曆年間，其間發生了國內外兩大事件。其一是朝中議立皇太子之事，世稱「國本之爭」。事情經過如下——

「國本之爭」，也稱「爭國本」，即是明神宗（萬曆帝，一五七二至一六二〇年在位）為冊立皇太子而引發的爭議。由於自古列朝列代有「太子者，國之根本」之說，因此，稱為「國本之爭」。

在明神宗萬曆九年（一五八一）辛巳歲，年屆十八歲的萬曆帝往母后慈聖李太后所住的慈寧宮去請安。正好李太后未在宮內，宮女王氏端水盆讓他洗手，神宗一時意亂情迷，當下臨幸了王氏。事後，神宗也就把這位王宮女給忘卻了；不料，王氏卻懷上了他的胎兒，神宗十分後悔。

太后為此特地召見詢問此事，神宗起初抵賴不肯承認；太后於是讓人取來宦官所記的《內起居注》（皇帝的起居生活日記）查看取證，神宗只好承認。王氏後來生下了長子朱常洛（即後來的光宗泰昌帝）；所謂母為子貴，於是將王氏冊封為「恭妃」。

當時宮中稱宮女為「都人」；因此，神宗對這個出身低下的「都人」之子朱常洛很不喜歡，稱之為「都人子」。因為其母李太后也曾為「都人」，於是怒斥神宗：「爾亦都人子！」神宗惶恐下跪請罪。但是，從此對恭妃十分冷淡。

眾多嬪妃中，神宗最寵愛鄭氏，在萬曆十年（一五八二）封為淑妃，翌年封為德妃。萬曆十四年，鄭氏生下一子，即後來的福王朱常洵。萬曆帝喜不自勝，有意將其封為貴妃，並與鄭氏密約將來立朱常洵為皇太子。此消息不脛而走，一時在朝野乃至市井中流傳開來。

神宗九歲登基，李太后代為處理朝政，並重用能臣輔政，內閣首輔為名臣張居正（一五二五至一五八二年）。萬曆初期，由於張居正的知人善用，實行有效的邊防及政治改革等，內外得到安定，一時呈現世稱「萬曆中興」的太平盛世。但是，萬曆十年六月二十日，張居正病亡。張居正死後，神宗親政，朝中開始引發了神宗欲廢長立幼的「國本之爭」。

神宗欲冊立第三子朱常洵為太子，遭到母親李太后以及一部分大臣反對；朝廷也有一部分大臣支持神宗，因此朝內分成了兩派。但是，立皇太子之事，事關國家的根基，即為之「國本」大事；神宗與群臣為此事足足爭論了十五年之久，神宗也無法將朱常洵立為儲君。為此，神宗索性以不上朝的方式來向反對他的群臣表示抗議，時間長達近三十年之久，世稱「萬曆怠政」。

數十年的怠政，結果使得明朝政務廢弛、國事荒蕪。當東北方女真族興兵侵犯、擴張占領東北之時，萬曆帝依舊稱疾不上朝，使得明朝守軍只能退守山海關，是明王朝逐漸走向覆亡的原因之一。

久久不立太子之位，使得朝廷內外紛爭不止，也無法實行對皇太子的「帝王學」的教育，於國家大不利。萬曆二十九年（一六〇一），迫於各方壓力與世間之輿論，神宗只好冊立年已二十歲的朱常洛為皇太子，而封朱常洵為福王，封國在洛陽。但是，福王不去洛陽，一直滯留在北京。

直到萬曆四十三年（一六一五），發生了一個名叫張差的男子欲以木棍擊殺皇太子未遂的大案子，世稱明末三案之一的「梃擊案」（另兩案是致泰昌帝死亡的「紅丸案」與天啟初年的「移宮案」）。對刺殺皇太子之案，當時全國上下懷疑其幕後是鄭妃蓄意謀殺，輿論對神宗與鄭妃不利；於是，神宗只好下詔命朱常洵離京就藩，朱常洛的皇太子地位才得到鞏固。

但是，長年「國本之爭」引起國家混亂，神宗長期稱病罷朝，滿朝士大夫之間互相攻擊排斥，有大批朝臣或被罷官，或受廷杖，或獲罪流放。後來，又發生了愈演愈烈的「東林黨爭」，使得明朝最後氣數殆盡。

萬曆三大征

第二件大事，一般稱為「萬曆三大征」，即因國內外大動亂而引起的三次大規模戰役。其一是於萬曆二十年（一五九二）——正好是隱元出生之年——二月十八日至九月十八日，出兵西北寧夏平定蒙古人哱拜叛亂的「寧夏之役」。其二是兩次出兵平定日本豐臣秀吉入侵朝鮮的「朝鮮之役」；第一次於萬曆二十年至二十一年，第二次於萬曆二十五年至二十六年（一五九七至一五九八年）。其三是萬曆二十七年至二十八年（一五九九至一六〇〇年），為平定西南貴州遵義土司楊應龍的叛亂，即「播州之役」。

這三大戰役雖以明朝官軍勝利告終；但是，長年的遠征嚴重地削弱了經濟力量，尤其是「朝鮮之役」造成國家財政支出巨大。按《明史》記載：「寧夏用兵，費帑金二百餘萬。其冬，朝鮮用兵，首尾八年，費帑金七百餘萬。二十七年，播州用兵，又費帑金二三百萬。三大征踵接，國用大匱。」又據《明史．王德完傳》所記：「近歲寧夏用兵，費百八十餘萬；朝鮮之役，七百八十餘萬；播州之役，二百餘萬。」由此可見，這長達八年之久的大規模軍事行動，足足消耗了萬曆朝的一千一百六十餘萬兩白銀。

於是，國內苛捐雜稅不斷增加，國力日顯疲弊；加之萬曆帝晚年不理朝政，宦官專權，明朝的衰微之狀由此大顯。

除此邊陲三大戰役之外，萬曆年間亦長年與緬甸東吁王朝發生領土爭端，在萬曆三十四年（一六〇六）發生了最後一次「明緬戰爭」；以及在萬曆四十七年（一六一九）與後金努爾哈赤發生了「薩爾滸之戰」（今遼寧撫順東部渾河一帶），兩大戰爭都以明軍失利告終。尤其是與後金（一六一六至一六三六年）之戰，明軍死傷慘重，之後遼東戰略格局為之一變。

明代覆亡

就在隱元出家的那一年，即萬曆四十八年（一六二〇），神宗駕崩，由其子光宗（泰昌帝），即位為明朝第十五代皇帝。但是，光宗也在此年崩逝，而由其子熹宗（天啟帝），為明朝第十六代皇帝。

天啟帝在位七年（一六二〇至一六二七年）間，宦官首領魏忠賢獨霸朝政，彈壓東林黨，明朝的政治腐敗與國力頹勢日益加深。天啟帝駕崩後，因無子嗣，由其弟思宗（毅宗）繼位，即明代最後一代皇帝、第十七代皇帝朱由檢（一六一一至一六四四年），改年號天啟為崇禎。

崇禎帝於天啟七年八月二十四日即位後，頗有勵精圖治之志，利用東林黨的力量，反擊宦官勢力；魏忠賢因此被罷免後，自殺身亡。但是，崇禎元年（一六二八）陝西發生特大旱災，民眾因饑饉揭竿而起。此時，後金皇帝皇太極即位後二年，蓄意出兵南下犯境，烽火不止。

在內憂外患的國情之下，崇禎帝在內重用徐光啟等能臣處理政事；在外選用袁崇煥等良將主持遼東戰事，抵禦清兵來犯；同時又派重兵平定高迎祥、李自成、張獻忠等流寇叛亂。

但是，由於各種原因，明朝江山仍難止傾頹。崇禎十七年（一六四四）正月李自成在西安稱帝，建國號「大順」，年號永昌；三月，李自成大軍攻陷北京，崇禎帝逃出皇城，於三月十九日在城郊外的煤山（今景山）自縊身亡。清兵與明叛將吳三桂等隨即進攻北京，李自成不敵。這位僅僅坐了四十天江山的大順永昌帝，倉惶逃往西安、通城；翌年，李自成在通城九宮山被殺。

清兵入北京城，實際上就意味著大明王朝的滅亡。雖然，在隱元所在的南方福建等地，明朝的殘部擁立南明諸王還繼續抵抗著強悍的清軍鐵騎；但是，已經無力挽回江山易色的命運了。

就在崇禎帝自殺之前後，據《年譜》所載，隱元離福建福清的黃檗山往浙江，三月先去海鹽金粟山廣慧禪寺覲見了恩師費隱，五月又去禮拜寧波天童寺密雲圓悟的祖塔。是年十月十七日，應眾賢推出，入住浙江崇德縣福嚴寺陞座說法。可見，當時清軍尚未到江南，浙江也尚無戰事。但是，翌年二月，隱元由浙江歸福建時，《年譜》上說「南北兵戈紛擾，語溪道屬要衝」云云，說明清軍的鐵騎已經追殺到了逃至南京的福王殘部。

到了清順治元年（一六四四）六月，福王朱由崧（一六〇七至一六四六年）在南京稱帝，福王是神宗萬曆帝的孫子，與崇禎帝屬同輩堂兄弟，其父福王朱常洵在崇禎十四年（一六四一）於懷慶府（今河南焦作一帶）被李自成的軍隊生擒後殺害，其鮮血與鹿肉一起被泡了酒，成了李自成犒勞將士的「福祿酒」。二代福王的廟號為安宗，年號弘光，期間甚短。弘光元年（順治二年，一六四五）六月，清兵攻破南京，福王被俘後押送北京，翌年被處死。

而此時，明太祖的九世孫唐王朱聿鍵在福州為鄭成功（國姓爺）之父鄭芝龍與黃道周等擁立為南明紹宗，即隆武帝。但是，也於隆武二年（一六四六）七月，被清軍俘虜於汀州，在押送途中絕食而死。

與此同時，明太祖第十世孫魯王朱以海在浙江沿海地區繼續抵抗清兵，後退守福建廈門，得到鄭成功保護。到了永曆十六年（一六六二）十一月，在金門島病歿。

永曆是桂王（永明王、昭宗）朱由榔在隆武帝死後，於廣東肇慶稱帝時的年號。永曆帝在鄭成功等支持下，在廣西、貴州、雲南等西南地區繼續抵抗清軍。但是，永曆四年（順治七年，一六五〇）桂林陷落，永曆九年（順治十二年，一六五五）退守昆明，於永曆十三年（順治十六年，一六五九）兵敗逃往緬甸避難。

之後，清廷派吳三桂率軍征討，緬甸王驚懼，遂於永曆十六年（康熙元年，一六六二）將永曆帝等皇族等轉交給吳三桂，四月十五日永曆帝在昆明被絞殺後焚屍，從此，明朝皇統徹底斷絕。這就是明亡後喘息了十八年之久的南明政權。

而通過《年譜》來觀察處於這段時期的隱元，可知自弘光元年由浙江歸福州至永曆八年（順治十一年，一六五四）東渡為止，前後將近十年間的南方戰亂中，隱元一直沒有離開過福建；並於南明隆武二年（順治三年，一六四六）初，再次住持了黃檗山萬福寺。

此外，在《普照國師年譜》中，採用了南明弘光、隆武的年號，同時並用了清順治的年號，卻沒有使用過永曆帝的年號。

以上就是，生活在兵荒馬亂、改朝換代之際的隱元所處的社會背景。

隱元六十三歲時，即清順治十一年，率眾門徒從廈門搭乘鄭成功提供的兵船揚帆東渡日本。

明末清初的佛教境況

回顧明末清初的佛教，對之後了解隱元所弘揚的禪法內容及其佛學思想的確立，具有一定的必要性與歷史意義。

說起明末清初的佛教情況，很容易使人想起明末四大師，即雲棲袾宏（一五三五至一六一五年）、紫柏真可（一五四三至一六〇三年）、憨山德清（一五四六至一六二三年）、蕅益智旭（一五九九至一六五五年）四位佛教高僧。

雲棲袾宏

雲棲袾宏，俗姓沈，杭州仁和人。出身官家望族，父名德鑑，號明齋先生，母周氏。早歲習儒，妻張氏流產而死，續娶湯氏。二十七歲時父亡，三十一歲時母死。遂於翌年世宗嘉靖四十五年（一五六六）隨西山無門洞的性天文理和尚剃染，法名袾宏。

出家後，雲遊名山，參學諸方。學華嚴於京師遍融禪師，參禪於笑巖長老。穆宗隆慶五年（一五七一）入杭州雲棲山，將圮廢的寺院復興，教化無數，寺院乃成大觀；「雲棲」之道號便緣自山寺之名。

雲棲主張儒道釋三教融合思想，並宣揚以教（華嚴）、禪、淨、律諸宗綜合的佛教理論。這無疑是繼承了以前唐宋元的佛教思想源流後的新闡發，特別是繼承和發揚了唐代圭峰宗密（七八〇至八四一年）、五代宋初永明延壽（九〇四至九七六年）、宋代佛日契嵩（一〇〇七至一〇七二年）、元代中峰明本（一二六三至一三二三年）等綜合佛教的思想理念。

不過，不同的是雲棲沒有明確的禪宗傳承法系。雲棲通達三教與諸宗之學，講經說法，著書立學，受其教者，無不欽仰。他強調禪淨雙修，又極力欣求往生西方淨土。神宗萬曆四十三年（一六一五，一說為一六一二）七月二日結跏端坐，面對西方念佛而逝。因此，受後人尊稱為「蓮池大師」，被列為蓮宗第八祖。

雲棲著書有三十餘種，共三百餘卷。有名的如《禪關策進》、《緇門崇行錄》、《竹窗隨筆》、《雲棲法彙》、《阿彌陀經疏鈔》、《往生集》、《大方廣佛華嚴經感應略記》等著作。雲棲編寫的《禪門日誦》以及施餓鬼食等法事儀軌書，成為明末清初乃至今日佛教之範本；現在日本黃檗宗使用的《禪林課誦》等書，也是隱元傳到日本的。

如說雲棲是奠定了隱元的黃檗宗以及明末清初以後之中國佛教儀禮基礎的高僧，筆者以為並不為過。

紫柏真可

紫柏真可，俗姓沈，字達觀；後又字真可，號紫柏老人，世人尊稱紫柏尊者，出身於明南直隸蘇州府吳縣。十七歲時遊蘇州閶門，因大雨而遇虎丘寺僧明覺，遂發心隨其出家。二十歲時受具，嚴持毗尼，如法修行。

真可遍參諸方，為人剛直不阿，性格勇毅而有俠氣；對華嚴、法相等研習甚深，主張禪淨一致，佛道儒同源。萬曆七年（一五七九），協助嘉興府知府陸光祖（號五臺居士）整理頒發大藏經；此藏經後人稱為「嘉興藏」，於五臺山開始印刻（萬曆十七年，一五八九）。

真可行腳各地，復興寺院十五所以上。明末陽明學盛行，真可以佛理演示陽明心學，深得當時官僚士人崇仰，也得到朝廷重視，時人譽為唐代臨濟、宋代大慧（宗杲）再來，頗得人望。萬曆十四年（一五八六）得憨山德清之書簡，相會於牢山之麓，一見如故，成為生死與共之法侶。後憨山因痛斥時弊，捲入朝廷政爭而下獄，並流放雷州；真可為憨山四處奔走喊冤，遂為當局所側目。

萬曆三十一年（一六〇三）在萬曆帝的皇嗣世子問題上，因與東林黨沈鯉等往來甚密，加上其弟子京城名醫沈令譽與官僚郭正域等，捲入所謂的妖書事件而觸怒東廠錦衣衛，在廣東以連坐罪逮捕投獄。真可在獄中嘆曰：世法如此，久住為何！於是，在是年十二月十七日，沐浴更衣，結跏端坐，唱念「南無毗盧遮那佛」佛號，溘然圓寂。春秋六十一，法臘四十一。《五燈全書．卷百二〇．未詳法嗣》中收錄其傳記。

弟子們依遵遺囑，將遺體安置於北京西郊的慈慧寺內。萬曆三十二年，因洪水，遺體運至徑山寂照庵，遺體未見腐爛。萬曆四十四年（一六一六），由法友憨山德清主持荼毗法事入塔。舍利現今安放在餘杭徑山文殊堂，稱為紫柏塔。

憨山德清

憨山德清，字澄印，號憨山，又名德清，尊稱弘覺禪師，南直隸滁州全椒縣蔡氏子。自小熟讀儒家典籍，嘉靖四十三年（一五六四）十九歲時往棲霞山謁見雲谷法會（一五〇〇至一五七五年），在山內耽讀《中峰廣錄》，遂立志學禪。歸往南京大報恩寺出家，依無極明信受具足戒；後參學棲霞山雲谷法會，得其印可嗣法。

憨山又參學過伏牛山的法光等尊宿，並致力於經教研究。其著有《楞嚴通議》、《法華通議》、《起信論略疏》等，並以唐澄觀的《華嚴經疏》以及《演義鈔》等編撰了《華嚴經綱要》八十卷，在明末佛教界博得了很高的聲譽。

萬曆九年（一五八一），憨山在五臺山舉行無遮大會，雲集了道俗五百餘人。萬曆十四年（一五八六），皇太后皈依憨山，於山東牢山創建海印寺，太后下賜大藏經；致書紫柏真可，得相見於牢山。但因捲入朝廷政爭而獲罪，被萬曆帝流放雷州，下獄八個月。

出獄後，於萬曆二十四年（一五九六）致力恢復曹溪（今廣東省韶關市曲江區）禪宗六祖惠能的南華寺。萬曆四十三年（一六一五），創建江西九江廬山五乳峰下的法雲寺。天啟二年（一六二二），應南韶道觀察使祝以豳之招請，復歸南華寺；翌年圓寂，春秋七十八，至今以「肉身菩薩」奉祀於寺。傳記可見於《續燈存稾．卷十二．未詳法嗣》。

憨山雖是禪僧，但也主張禪淨雙修，又極力宣揚儒釋道三教融合論，其主張以及思想在很大程度上得到了隱元承續與發展，這也許是一個時代的主流風尚與道德思想觀念吧，足以展現隱元這一代佛教行者的精神風範與社會風尚。

蕅益智旭

蕅益智旭，俗姓鍾，南直隸蘇州府吳縣瀆川（今蘇州木瀆）人。少年學儒，對佛教頗有微詞。十七歲時，讀雲棲袾宏的《自知錄》序、《竹窗隨筆》等著作，不由感銘而懺悔自省以前謗佛之言行；又私淑於憨山德清之說教，開始傾心佛法。二十三歲時聽聞《楞嚴經》而決意出家。

天啟二年壬戌五月初七日（可見其《毗尼事義集要序》所記）因追慕憨山，而依憨山弟子雪嶺峻出家於湖州金蓋山蘧雲庵（另有杭州雲棲山出家之說，恐誤，因自傳中有「夏秋作務雲棲」之語故。應是五月初七出家湖州之後，即往雲棲參學）。而從傳記等中可知，出家之前二年（一六二〇）冬，值父喪葬事畢，又感神宗、光宗相繼而崩，深感世事無常，遂有出家之志。

智旭，又字素華，號蕅益，又號西有，別號八不道人，蕅益老人等。天啟三年（一六二三），憨山德清示寂之年，在杭州雲棲寺受具足戒；天啟四年，受菩薩大戒。智旭在得戒之前後，曾用心於唯識之學，因覺與《楞嚴》之經意不合，乃往徑山參禪決疑。天啟五年閱讀律藏。天啟六年，母病篤而終，痛徹肝肺，遂棄筆硯，掩關於松陵；坐關中大病，遂一心求生西方淨土。

崇禎二年（一六二九）三十一歲時，隨禪德無異元來（一五七五至一六三〇年，曹洞宗博山系祖）往金陵，盤桓百有十日，盡諳宗門近時流弊，乃立志宏律。翌年，四次拈鬮問佛，一曰宗賢首，二曰宗天台，三曰宗慈恩，四曰自立宗。結果，四次皆拈得宗天台之鬮，於是悉心研究天台之教義。然不甘為台宗之兒孫，因近世以來，台宗與禪家、賢首、慈恩各執門庭，不能和合故也。而後，入靈峰，歷住武水、九華、溫陵、漳州、湖州、石城、晟溪、長水諸地，著書立說，於律、禪、唯識、天台、淨土等諸宗皆有發揮，對時弊多有批駁。

智旭於清順治十二年（一六五五）圓寂，世壽五十七歲。智旭博學廣參，獨樹一幟，因歸心淨土，被後人尊為蓮宗九祖；而於天台教家之義最為卓越，一般視為天台宗人。不過，智旭是主張儒佛相通，諸宗融合，而最終歸趨淨土法門的一代高僧，實難以一家一宗來局限。這無疑是明末清初時期宗教融合的重要特徵之一。

智旭晚年，正值國破山河在的危難之秋，也是隱元與門弟東渡的時期。明末蓮、柏、椒、薀四大師，薀益與楊岐派下的密雲、費隱、隱元祖孫三人的活躍時期相交疊；因此，隱元的思想中，無疑受到明末四高僧的一定影響，智旭的影響尤為深刻，特別是歸趨淨土的思想最為顯著。雖然，隱元一派所主張宗下單傳的祖師禪，與四高僧傳承法脈不詳的情狀頗有不同。

曹洞宗壽昌派與臨濟宗楊岐派之發展

以上是對明末四高僧之概述。接下來，再來縱觀一下這一時期曹洞宗壽昌派、臨濟宗楊岐派的概況。

到了明代，宋代曹洞宗的宏智派以及清了派已經失傳，只存下宋代鹿門自覺為源流的一支，而以南方壽昌寺與雲門寺為盛，尤其是壽昌寺的無明慧經（一五四八至一六一八年）為派祖的壽昌派最為活躍。其弟子永覺元賢（一五七八至一六五七年）與法孫為霖道霈（一六一五至一七〇二年），在福州鼓山湧泉寺大振曹洞宗風，鼓山系的禪僧使得久已沉滯的洞上宗旨得以重興。

此外，還有同派下，於康熙十六年（一六七七）年東渡日本的杭州永福寺東皋禪師心越興儔（一六三九至一六九五年）也極為重要。心越東渡後，成為繼道元（一二〇〇至一二五三年）以及元代東明慧日（一二七二至一三四〇年）與東陵永璵（一二八五至一三六五年）之後，日本第三傳曹洞禪的著名高僧；而且，心越與早期黃檗禪僧的交往甚密。

後來，心越在曾經援助過明朝遺民儒學家朱舜水先生的常陸水戶藩主德川光圀的護持下，創立了曹洞宗壽昌山祇園寺；心越入滅後不久，其弟子天湫法澧在前橋藩（厩橋藩）主酒井忠舉護持下創立了少林山達磨寺（今為黃檗宗）

等。

雖然，壽昌派在日本傳了數代後法脈便斷絕了；但是，作為明代曹洞禪在日本之傳播，對江戶時代佛教有著極為深遠的意義；而且，心越的書畫篆刻藝術等對日本的文化影響頗大。他與黃檗僧獨立性易（隱元的法子，一五九六至一六七二年）並稱為日本篆刻之祖；此外，他還是日本的古琴中興之祖。可以說，心越既是傳禪的高僧，同時也樹立了明代文化藝術下具有高度素養的文人墨客形象，因此有著比較特殊的歷史地位與文化價值。

以下，便簡介為霖道霈與東皋心越兩位高僧。

為霖道霈

為霖道霈，俗姓丁，別號旅泊、非家叟，福建建寧府建安縣（今建甌）人，丁少軒之子。七歲入私塾，學習儒家經典。於十四歲時，患上大病，瀕臨死亡；

病癒後在父母的許可下，去郡東白雲寺，隨老僧深公出家為沙彌。

崇禎五年（一六三二），其十八歲，參學建州董巖；此處為慧經禪師開法之地，曹洞宗的信州（今江西上饒）博山系祖無異元來、永覺元賢等皆受教於此。旋即往南劍州（今南平）寶善庵投尊宿聞谷老人，在其膝下受戒，賜名「為霖」，並傳授念佛法門。

崇禎六年（一六三三）春，元賢到寶善庵訪問聞谷老人，聞谷將道霈託付給元賢，於是隨元賢參學於東溪荷山。同年，鼓山護法居士林之蕃（字孔碩，號涵齋）因鼓山虛席，招請元賢住持鼓山。崇禎七年（一六三四）春，元賢入院，道霈隨侍左右，參「庭前柏樹子」話；三年參究而無所得，於是辭師遊方，往江浙尋訪尊宿。

崇禎十年（一六三七）十月，道霈往天童山參訪臨濟尊宿密雲圓悟，歷時八月有餘；與密雲弟子龍山古雪相交甚篤，有日後「重振古風」之契。崇禎十二年（一六三九），道霈往杭州天目山，尋元代高峰原妙（一二三八至一二九五年）之「死關」，在山中耽讀宋僧契嵩之《孝論》，滯留約有一年。元賢得知道霈在天目山，遂遣僧喚其回閩，欲為其圓戒。道霈聽命返閩；圓戒後，回故里省親。

崇禎十五年（一六四二）至清順治三年（一六四六），道霈結茅隱居於建陽百丈山。順治二年，道霈的父親丁少軒逝世，道霈回家奔喪；其母朱氏年已六十三歲，發心出家為尼，法名道貞，在鼓山元賢座下受比丘尼戒。於是，道霈攜母同回百丈山修行；五年後，母道貞比丘尼病故。道霈辦完母親的喪事之後，遵師命，返回鼓山任維那，時為順治七年（一六五〇）。

順治十年（一六五三），道霈在禪關中有省，呈悟道偈與元賢，得以印可。道霈得法後，辭師往建寧廣福庵閉關隱修，以養聖胎。順治十二年（一六五五），元賢深知來日無多，遂寫信喚道霈回鼓山繼承衣鉢。道霈回山，慇勤隨侍左右，元賢將平生所學瀉瓶於道霈。

順治十四年（一六五七）正月上元日，鼓山鐘鼓齊鳴，元賢正式當眾傳法與為霖道霈，乃為曹洞正宗第三十三代傳人。是年，元賢圓寂於鼓山。順治十五年（一六五八）正月，道霈將元賢靈骨入塔之後，在檀越方克之、林之蕃等拜請下，繼席鼓山，時年四十四歲。

道霈曾兩度住持鼓山。首住於順治十五年至康熙十年（一六七一），約有十四年；其後因捲入山內糾紛故離山，於是雲遊隨緣說法，飄泊在外，居無定所。後於康熙二十三年（一六八四）四月二十二日，年近七旬的道霈重回鼓山，至康熙四十一年（一七〇二）九月初七午時、八十八歲圓寂於鼓山為止，再住鼓山近十九年，前後共計三十三載。

道霈雖為洞上禪僧，但是歸心淨土，禪戒並重，被譽為「古佛再世」，一生著書注疏甚豐。主要著作有《護國仁王般若經合古疏》三卷、《華嚴疏論纂要》百二十卷、《法華經文句纂要》七卷、《佛祖三經指南》三卷、《為霖道霈禪師秉拂語錄》兩卷、《旅泊庵稿》六卷、《淨土旨訣》一卷，以及禮懺方面的《八十八佛懺》、《準提懺》等。近代禪德虛雲說為霖禪師有著作二十八種、一百九十六卷之多；實際上，道霈的著作還不止這些。

從道霈一生的著作來看，他涉及的範圍極為廣泛，從中體現了明末清初的佛教有著綜合性很強的一大特色；而且，禪教並重、禪淨合一的禪風，與同為閩地出身的黃檗隱元如出一轍。道霈雖然比隱元年少二十三歲左右，但在時代背景與地域文化上來看，兩者有著極為相近的一面；而且，兩者都曾參學過楊岐派的密雲圓悟禪師。

順便一提，晚明臨濟宗楊岐派的密雲、曹洞宗壽昌派的為霖兩大禪師，皆為筆者法系的禪門法乳之祖。

東臯心越

東臯禪師心越興儔，俗姓蔣氏，母陳氏，杭州金華府浦江縣人。初名兆隱，後名興儔，字心越，號東臯，別號樵雲、越道人等。生於明崇禎十二年（一六三九）八月二十一日，幼小投吳門報恩寺隨俗叔歛石和尚出家。受具後，參侍曹洞宗無明慧經的法孫覺浪道盛（一五九二至一六五九年），道盛是晦臺元鏡（一五七七至一六三〇年）的法嗣。

康熙七年（一六六八），心越師事道盛的法子闊堂大文，歷時二年後，參「狗子話」（狗子有無佛性？）而悟道。壽昌慧經下的傳法二十字，前十字為「慧元道大興，法界一鼎新」；因此，從法脈輩分上而言，作為與覺浪道盛同輩的為霖道霈，也是心越興儔的同派師祖。

得法後，心越隱居於杭州西湖邊上的永福寺。由於不甘於滿清的暴政，寫信給長崎興福寺黃檗僧住持澄一道亮（一六〇八至一六九一年，逸然性融的法子），請求實現東渡的願望。康熙十六年（日本延寶五年，一六七七），他在澄一的招請之下，來到了長崎，往京都黃檗山訪問木庵性瑫（一六一一至一六八四年），並雲遊各地。

起初，因為他是外國僧澄一請來，加上異僧的讒言，日本當局疑之為清朝所派的軍事密探而被幽閉。後在水戶光圀的奏請保薦下釋放，於天和三年（一六八三）請往水戶。元祿五年（一六九二）十月，住持岱宗山天德寺（後改山號，寺名為壽昌山祇園寺），開堂弘揚曹洞宗旨，並傳授書畫篆刻以及古琴等，門下參學僧多達一千七百餘人，盛況空前。

元祿七年（一六九四）年發病，遂往江戶菊坂長泉寺，以及相州塔之澤溫泉等地療養，未見好轉，於元祿八年（一六九五；一說元祿九年）九月扶病回到水戶祇園寺。同月二十九日，將住持位託付弟子吳雲法曇（一六五四至一七二〇年）；翌日，環視左右，說遺偈坐化而終，世壽五十七，法臘四十九。

心越在日弘化約有九年時間。弟子中有天湫法澧，開創高崎達磨寺。壽昌派一直傳到明治維新以後的「鼎」字輩，之後法門寺院等融入道元派下的曹洞宗傘下。

二〇二二年二月十六日，筆者為了撰寫本書，特前往茨城縣水戶市八幡町的壽昌山祇園寺參拜祖蹟，見堂宇壯觀，古木參天。於東皋禪師的開山塔廟前慇懃叩首九拜畢，訪問了現住持小原老師，足足交談了近一個小時，對此寺的歷史變遷與現狀等有了更立體的認識，可謂是「書上得來終覺淺，萬里行腳方識真」。誠不虛也！

心越有《東皋全集》二卷，收錄有語錄以及宗綱、琴譜、詩偈等，別錄附有《壽昌清規》；另有元祿八年（一六九五）由侍者行徹編錄後刻板發行的《東皋心越禪師天德禪寺入院開堂語錄》一卷等。

東皐心越在隱元入滅的第四年，在黃檗僧的援助下，東渡弘揚曹洞宗旨，在日期間與黃檗著名僧人木庵等頗有交流，與道元系以及瑩山系的日本曹洞宗僧人亦交往甚密。雖然後來融入道元的法派，壽昌派隱沒不傳，但在日本禪宗史上留下了永不磨滅的篇章。

此外，東皐心越的藝術成就相當高，在當時的江戶社會，蔚為一代風尚。在七絃古琴（一說三絃）方面，則為日本一代中興宗師，日本弟子有松浦琴川、人見竹洞等繼其古琴道統。篆刻弟子則有松浦靜軒、榊原篁洲等，遂形成日本篆刻初期江戶派。

對於明末清初的佛教概況，述說如上。至於隱元的師祖密雲圓悟以及恩師費隱通容等的內容，擬在下文隱元的傳記事蹟中插敘。以下，再略說明末清初天主教傳播的情況。

西方天主教東漸

明末清初的西方天主教東漸，在中國宗教史上，有著劃時代的重要歷史意義；同樣地，對朝鮮半島以及日本的宗教史也是不可忽視的歷史事件。當然，由於國情、宗教以及文化傳統等差異，東亞民族在不同時期，採取了各自不盡相同的取捨政策。

在隱元那個時期，天主教已經在很大程度上滲透到中國社會的各個階層，並在宗教文化傳統、倫理道德以及政治社會制度等，各個重大問題上發生了激烈碰撞與衝突。

隱元對於天主教的評價並不多，只是在《年譜》中有一小段相關記載：「予昔因朝禮普陀大士，遂發心出家。今五十餘年矣！近聞遭紅夷之厄，不能無感於衷焉。」這裡的「紅夷之厄」，應該是指清康熙六年（一六六七），在楊光先等人的策動下，清廷禁止天主教傳播的事件。

早年，隱元之師費隱曾撰文抨擊過天主教，在《費隱禪師別集．卷十六》中有〈原道闢邪說〉、〈揭邪見根源〉、〈揭邪見空無謗佛〉、〈揭邪見不循本分以三魂惑世〉、〈揭邪見迷萬物不能為一體〉五篇檄文痛斥義大利傳教司祭利瑪竇（Matteo Ricci，一五五二至一六一〇年）的八篇論文。

其實，早在明萬曆年間時，蓮池便在《竹窗隨筆》中對天主教的教義進行駁斥，其俗家弟子南京禮部侍郎沈漼在萬曆四十四年（一六一六）五月，以〈參遠夷書〉上書要求朝廷禁止天主教的傳播。這是因為，利瑪竇死後，龍華民、龐迪我、王豐肅、謝務祿等放棄了前司祭利瑪竇所採取的傳教方式：穿戴漢人服飾，並利用儒教言論，並逐漸推廣，而以迅猛的教勢大張旗鼓地宣傳西教，遂引發了聲勢浩大的反教運動，因而導致以沈漼、方從哲、魏忠賢等人主導之全面禁教的「南京教案」事件。上述費隱的諸篇論文，也應是這段時期的著作。

不過，在教徒朝臣楊廷筠（一五六二至一六二七年）的申辯，加之在葉向高（一五五九至一六二七年）以及徐光啟（一五六二至一六三三年）等人的庇護下，禁教運動沒有再擴大；到了崇禎二年（一六二九）時，天主教又因修曆法等有功而重新得勢。

但是，在福建地區，反教與崇教的爭論依舊十分激烈；反教以霞浦釋行元、莆田釋性潛、霞浦林啟陸、福州陳侯光等為主要代表，崇教則以晉江丁志麟、張賡、福州陳克寬以及宦遊於建寧的左光先等為代表人物，雙方撰文交鋒，各不相讓。

湯若望案

費隱在崇禎六年（一六三三）十月十五日至同十一年（一六三八）七月間住持福唐黃檗山萬福寺，反利瑪竇的論文應作於此數年中。而隱元所說的「紅夷之厄」，則在晚年（七十五歲前後）時康熙朝的反天主教事件，即「康熙曆獄」，又稱為「湯若望案」。大致的情況如下——

清兵入關之後，順治帝任用神聖羅馬帝國科隆選侯國（今德國科隆人）天主教傳教士湯若望（Johann Schall，一五九一至一六六六年）為第一任欽天監正，南懷仁（Ferdinand Verbist，尼德蘭弗拉芒人）為其助理。

湯若望在明神宗萬曆時來華傳教，一生沒有再回國，共四十七年；官至一品，主管朝廷製定曆法的最高職位，著作有《西洋新法曆書》、《交食說》等書。湯若望等依照天主教教廷理論以及西洋天文學而製定新曆法，主張地圓說，即認為太陽繞地球運轉，地球大、太陽小，與中國古來的天文曆法相異。這便引起了楊光先等人的反對。

楊光先，字公長，南直隸歙縣（今安徽歙縣）人，祖籍為浙江餘姚，出自四門雙橋楊氏。早年受蔭官授新安所千戶。崇禎十年（一六三七），將衛所千戶之位讓給其弟楊光弼，以布衣身分擡棺死劾大學士溫體仁和給事中陳啟新，名震一時；但未被崇禎帝採納，遭廷杖後，流配遼東。未久，溫體仁倒臺，遂得以恩赦回鄉。

清順治十年（一六五三）因天主教徒李祖白與傳教士利類思（Lodovico Buglio，義大利西西里島貴族）合著《天學傳概》，提出中華文化西來說，又引起楊光先的強烈反對，著〈摘謬論〉、〈闢邪論〉等文章加以駁斥，並屢次上書控告湯若望等妖言惑眾、蓄意謀反，聲稱清除天主教徒，廢棄西洋新曆法。

康熙帝即位後，鰲拜、索尼、遏必隆、蘇克沙哈為四大顧命大臣，主持朝政。康熙三年（一六六四），楊光先又上奏彈劾湯若望等人，在鰲拜等的支持下，書文交至吏、禮兩部會審。康熙四年（一六六五），議政王等定讞，判決湯若望謀反罪處決（後因孝莊皇太后說情未執行），南懷仁流放，欽天監曆科主事李祖白與其子李實等五人被處死，時稱「康熙曆獄」事件。

曆獄後，楊光先被授官欽天監監副；楊自知對天文學以及曆法等學識遠遠不足，上書請辭；結果，不但沒有被朝廷駁回，反而提升為欽天監監正。這是一個十分重要的官職，相當於今天的國家天文局局長；尤其在中國古代王朝中，天象的測試，關係到皇帝的祭祀活動、王朝的曆法，乃至經濟與民生等重要國家事項，必須有名符其實的天文與數學等真才實學才能勝任，弄得不好很可能會招來殺身之禍。

楊光先深知自己不堪重任，但又屢辭不獲；無奈之下，只好硬著頭皮上任，並撰述《不得已》一書，以舊說批判湯若望等西洋曆數學說，並推薦了吳明烜為欽天監監副，來推算及負責曆法要務，依舊用元、明時期的授時曆法。當然，這自然遠不及西洋地圓學說的測算來得準確。

康熙親政後，命令楊吳等人與南懷仁比試，預測立竿的日影和太陽的仰角；結果，楊吳一敗塗地。於是，清廷發現楊吳等根本不能勝任，遂復用南懷仁等以非官方的身分掌管曆法的製定工作。康熙六年，南懷仁上疏彈劾楊吳等在曆法推算上的種種謬誤；經檢測，證明了南懷仁的指控屬實。康熙九年（一六七〇），南懷仁的西洋曆被重新採用，楊吳於是陷入困境。

南懷仁於是又上書彈劾楊吳等人當年依附鰲拜等權臣，誣告湯若望等謀反，以致李祖白等蒙冤而死。楊光先被判死罪問斬；後康熙帝念他年高，遂赦免死罪，令其還鄉終老，楊惶惶死於歸途。

此後，約百年間，欽天監一職皆由洋人擔當。到了道光年間，中國官員已經掌握了西洋曆法知識，遂不再延請洋人了。

西洋的曆法，由天主教傳教士傳來並實施，在明末清初對中國政治及宗教等諸方面都產生了巨大影響，當然於此同時，與中國文化傳統以及佛教等宗教發生一定程度上的衝突也是在所難免的。

明末清初，是中國社會的大變革時代，西洋宗教以及科技文化的不斷滲透，對中國社會產生了巨大影響與衝擊。當然，這種影響，由於不同時期的認識，發生了不同的社會感應與取捨；通俗地講，有成為正能量的，也有消化不良而產生負能量的作用。例如，後來又稱為「長毛之亂」的太平天國，就是以「拜上帝會」的形式反亂，後來還出現了義和團等破壞鐵路、燒毀教堂乃至殺害神父以及教徒等的種種暴舉。

在此提及的「上帝」一語，本是利瑪竇為了方便在中國傳教，而援用諸如《中庸》、《周頌》、《商頌》、《禮記》、《詩經》、《易經》、《尚書》等中國古籍出現的「上帝」一詞，來格義地詮釋西方的「天主」。所以，「上帝」一語，直至今日依舊是中國人對西方「唯一之神」（天主）的代名詞。這是一個宗教大問題，又非本書主題，筆者便點到為止，於此按下不論。

如上所說，隱元所處的明末清初時期的佛教，帶有三教調和與各宗融和的重要特色。雖然，此特色在宋元時代已顯端倪；但是，到了明朝，尤其是明代晚期，更見顯著。禪宗在傳承系譜問題上，沒有前代來得嚴格；如上所述的明末四高僧，在傳燈系派上，均屬宗脈不詳。禪僧比前代禪家著述明顯增多，在教理上則不極力主張禪宗的獨尊地位，而是提倡融合諸宗教理、禪淨一致；在法事儀禮上，有大量吸收密教儀軌的傾向。

江戶時期的日本社會與禪宗

江戶時期（一六〇三至一八六八年）的日本禪宗又如何？

江戶時期又稱德川時代，是指日本在江戶幕府（德川幕府）統治下的時期。這時代的日本禪宗，依舊保持著比較嚴格的宗派意識以及傳承上的單一性，禪宗以外的宗派亦復如是。再加上，自江戶幕府以來，實行鎖國政策，外國人的活動範圍只局限於長崎貿易港灣一帶。所以，明末佛教對日本的影響甚微，長崎的幾所唐寺在隱元東渡之前，也以長崎在住的華僑為主要信眾，對日本本土影響不大。

因此，當時日本禪宗各派，仍以宋元禪宗為基調，與同時代的中國禪宗存有很大的差異性與違和感。隱元等的東渡傳禪，在一定程度上，曾受到過日本禪宗的懷疑以及阻力與抵制。隱元後來自立門庭，獨樹一宗，乃時代大勢之所趨。不過，至今為止，日本學界站在本國佛教的立場，對宋元以後的明清佛教之研究不夠重視，而把中國佛教的重心放在唐宋時期。

近代日本佛學家忽滑谷快天（一八六七至一九三四年）的《禪宗思想史．下卷》中，將明清時代的定位為「禪道變衰之時代」，由此可見日本對這一時代中國禪宗的基本態度與認識。

其實，明末清初的佛教，還是有很多不遜於宋元時代的思想內容。就禪宗而言，在臨濟和曹洞兩大宗派中，高僧輩出，出現過盛極一時的景象；隱元隆琦以及心越與儔的東渡傳法，完全可以說明這一事實，而且對當時的日本佛教產生了很大的影響。

日本的佛教源自隋唐的佛教；到了宋元時代，禪宗傳到了扶桑之地。中國禪宗興盛於唐代，成為吸取了印度佛教精髓後最富有中國思想特色的新興宗派。但是，到了南宋，禪宗形成了五山十剎諸山的官寺制度，而成為國家佛教，失去了唐代禪宗那般獨立自主的宗教精神與清居自適的生命情操。

從這個角度來看，日本的禪宗直接承繼了宋元禪林的官寺制度，在文化與法度乃至修行等方面，都倣效、沿襲宋元禪宗。當然，這歸功於那個時代的東渡的蘭溪道隆（一二一三至一二七八年）、無學祖元（一二二六至一二八六年）、東明慧日（一二七二至一三四〇年）等大力弘化，以及日本渡海求法之高僧榮西（一一四一至一二一五年）、道元（一二〇〇至一二五三年）、圓爾辨圓（一二〇二至一二八〇年）等人的傳禪活動。這一時期的禪宗，可以參考拙著《宋代高僧墨蹟研究》之內容。

但是，到了江戶時代，日本的禪宗在繼承前代法統的基礎上，漸次形成了適應日本社會宗教思想背景以及發展的特點。加上，德川幕府的閉關鎖國政策下，雖然早期也有日本官方派遣的遣明僧，但主要是擔任外交使節的角色，所以與同時代中國明清佛教的交流不多，相互之間的了解也很少；而且，由於日本佛教自身已經很成熟，所以對明代佛教的吸收已無太大的迫切感了。

所以，倘若不是大明的覆滅，沒有隱元以及心越等禪德的東渡，也就不可能實現中日禪宗之間的又一次思想大交融。不過，當時的日本臨濟宗，其主流是屬於「應燈關」法統的妙心寺派；而曹洞宗則為道元系下的瑩山派為強勢。

除了鎖國，德川幕府為了加強對國內人民的統治，實行了「寺檀一體」的宗教體制，而且實行自奈良時代（七一〇至七九四年）以來以佛寺為主、神道為從的「神佛習合」（神道與佛教的調和共存）信仰體系。

「寺檀一體」規定了全國大小寺院各自嚴格管理特定的檀越（施主），以便統合宗教思想以及易於普查全國人口及國家財政等，這就與當時中國佛教的情況大不相同。而且，德川幕府嚴格禁止西方天主教的傳播，在九州一帶殘酷打壓天主教和迫害天主教信徒。

第二章　從誕生到出家

（隱元）遂發心持素，投潮音洞主，領茶頭執事，日供萬眾，不以為勞。洞主喜曰：此佛子，真菩薩之使也！其信心不懈怠如此。

據《隱元禪師年譜》（全稱《黃檗開山普照國師年譜》）等資料所記，隱元禪師俗姓林，名曾昺，號子房。出身於福建省福州府福清縣萬安鄉靈得里東林村（今福清市上逕鎮東林村），生於大明神宗皇帝萬曆二十年（西元一五九二年）冬十一月初四日戌時（晚上七至九點）。父親林德龍，號在田；母親龔氏，有賢德，好施濟。鄉黨之間，頗有人望。生兄弟三人，隱元排行老三。

出身福建望族

據《塔銘》上記載，林氏乃為八閩之望族，世代詩書傳家，為簪纓之家。不過，到了其父親的時候，家道中衰；隱元六歲那一年，父親北上往楚地（湖南、湖北一帶）後未歸，杳無音信，家境日見清寒。

在隱元一生之中，年僅六歲時，他的父親出遠門而失蹤不歸之事，對他以後的人生走向有極大的影響。據《年譜》簡略的記載可知，自一家之主的父親外出不歸之後，隱元與母親兄長等過著淡素的生活；初明了些人事的小曾昮，看到每日母親待夫不歸而悽楚憂鬱的神情，不免也在幼小的心靈中留下隱痛；他失去了父愛，拳拳思念之情，永難解消。

到了九歲那年，他與鄉裡的童兒一樣，去鄉中社學（為鄉村子弟而設的教育機構）讀書。據隱元的弟子即非如一（一六一六至一六七一年）的《福清縣志續略》記載，當時在福清縣內，社學共有九所；在光賢里有一座名為中峰社學的學堂，原是潮音寺的所在，後在嘉靖六年（一五二七）時，福州知府朱豹於此興學，作為鄉里子弟的就學之所，而光賢里與隱元出身的靈得里同屬萬安鄉（福清縣中七鄉之一）。

因此，隱元研究的大家日本學者平久保章所著的《隱元》一書中認為，隱元的啟蒙教育毫無疑問是受教於中峰社學。即非如一也是福清縣出身，與隱元同為林氏宗族，乃是南宋士大夫、著名理學家林希逸（一一九三至一二七一年，福清魚溪鎮人）的後裔。

不過，由於家境貧寒，只讀了一年多書的隱元，不得不中斷學業。據《年譜》等資料所記，十歲那年的冬天，隱元「廢學，漸習耕樵為業」。對於書香門第出身、很愛讀書的隱元而言，失學無疑是深為悵恨之事；但是，家無慈父，只有十歲的他，不得不為家助母以及兄長一臂之力。所以，後來隱元為此常對弟子們說道：「吾歎少失學，汝等有志於道者，宜早勉勵，無貽後悔。」意思是說：我常遺恨自己無奈於少年時失學，你們有志向學佛道的人，必須好好用功，不要少壯不努力、老大徒悲傷啊！

其實，翻讀一下隱元語錄中的法語以及詩文等，便可知他並不是僅粗識些文字而已，不像只有一年多學歷的人。筆者認為，失學後的隱元並沒有放棄讀書，應該是一邊幫助家務，一邊不斷地向鄉賢以及族中兄長等討教，以增進學識；加上在出家之後，又隨師長以及同參等學習經論與歷代禪家語錄等，學識更見長進。當然，其中自然還少不了隱元自身的天資、悟性以及參禪悟道之功力了。

歲月荏苒，隱元到了十六歲，依舊在家中幫助老母以及兄長等農作，過著儉樸安寧的生活；在耕樵與自學之餘，時而陪伴母親去寺院禮拜，以施供三寶。父親自離鄉梓，十年未見歸來，音訊全無；隱元日見母親鬢毛漸衰，倚閭盼望夫歸而愁眉不展，隱元思念父親也心生惆悵。又時隨母念佛故，於是對宇宙以及人生的問題開始有了探求與思索，於此同時也生起了不少疑問。據《年譜》所記：

師（隱元）十六歲，嘗靜夜與二、三侶坐臥喬松下，仰觀天河運轉，星月流輝，誰繫誰主？纏度不忒，竊心異之。私擬此理非僊佛難明，遂有慕佛之意，自是無心於世，志恆超然物表云云。

可見，少年時的隱元，面對神祕的宇宙，天下的萬物生滅乃至生命的真理，油然生起疑情，而認為非僊（仙）佛之智慧難以悟徹生命之理。於是，他開始默默欣求佛法，而對世俗生起厭離之心，超然而獨立；雖依舊在家隨母作務，而常沉思冥想，以探索生命之真諦所在。

據《年譜》等所記，十六歲之後三、五年，漸對世間俗務淡然處之，對營營生計不掛心頭。到了十八歲那年，正逢徑江有念佛法會，於是欣然而往，於佛法更生仰慕，每逢僧人必恭敬行禮，諮問出世要諦。

離家尋父，客居南海普陀山

據《年譜》等資料所記，到了萬曆三十九年（一六一一），隱元弱冠成年，母親與長兄準備為他定下親事。隱元推辭說，男兒當以親恩為重，如今父親遠出他鄉，不見歸蹤，未知身處何地，怎能妄自議論定聘娶妻之事！懇求母兄允許我找到父親之後，再議婚娶之事。母親見隱元如此堅辭，也只得允准。林氏本官宦之家，崇尚儒家傳統禮儀，隱元的這番言論，作為母親與長兄而言，自然難以奪其忠孝之志。而其實，此時的隱元心歸佛道，已無意於世俗家業經營等事。

於是，到了第二年，即二十一歲時，隱元決定離家北上尋父。他與母親商議，將娶妻所用的聘金作為路費盤纏，並整理好了出門行李與細軟等，拜辭母親遠出。這是隱元第一次離開家鄉。

隱元一路北上，先到了江西南昌，然後到了金陵城中，會見了母舅龔泉宇。母舅見隱元隻身一人，擔心他的安全與健康等問題，力勸他釋念還鄉；隱元尋父心切，不肯依允。於是，又折道往寧波舟山拜訪了族中叔叔，詢問父親的音信；但是，其父如斷線風箏一樣，無法得知半點消息。族叔也勸他速速歸家，但是隱元不能依從，只因尋父之念堅如磐石。

時間如流水，到了二十二歲時，整整一年中，隱元四下打聽父親的蹤跡，依舊一無所獲。這一年，隱元一路走到紹興城中打探，聞知當地有一位方先生，擅長書畫，在浙江一帶不少的士紳之間頗有名聲，隱元便整束去拜訪這位方先生。兩人一見如故，結為忘年之交；在書法等藝術方面，隱元有幸得到方先生的熏陶。在求學之餘，隱元這一年中，遍訪了紹興各縣城鎮鄉村，一面禮拜各處佛寺道觀、觀賞名勝古蹟，一面四處尋找父親的蹤跡，如此又匆匆過了一秋。

到了萬曆四十二年（一六一四），隱元二十三歲。是年春，隱元搭了進香普陀山的香客船，來到南海觀音道場。隱元在聖像前一心禮拜，虔誠祈求能得到佛菩薩與神明之感應，以成就他拳拳尋父之心願。在普陀山巡禮中，隱元見佛家氣象萬千，其境界妙不可言，與紅塵俗世之景象迥然不同。某日，在禮拜潮音洞觀音聖像時，一時凡念冰釋，心身清涼；於是，發心隨潮音洞主學道。承蒙洞主慈悲攝受，得以留在潮音洞充當茶頭（獻茶或煮茶待客之役僧），接待各處巡禮香客。在《年譜》中記道：

（隱元）遂發心持素，投潮音洞主，領茶頭執事，日供萬眾，不以為勞。洞主喜曰：此佛子，真菩薩之使也！其信心不懈怠如此。

由此可見，隱元或是到了聖境，心地洞開，善根頓發，他在隨眾修行中，漸生出家學道之心。但是，隻身在外，猶未得到母親以及長兄等允許，他也只能靜待時節因緣成熟之後，再計披緇出家之大事。

到了萬曆四十三年（一六一五），隱元二十四歲，在普陀山潮音洞充當茶頭已經整整一年了。隱元一直懷有出家修道的想法，他很喜歡普陀山這個菩薩道場，認為這是人天福報之處。如果能夠實現出家修行的意願，必須拜一位有精修實學的道人為師父；於是，初春的某一天，他去茶山尋訪祇園老宿。中途翻過饑飽嶺時，忽然見一位長眉鶴髮的老和尚，笑盈盈地從懷中取出飯糰給隱元充饑，隱元於是得以飽食；吃完後，抬頭打算禮謝老僧，誰知已經身影杳無。隱元驚詫不已，疑是羅漢（神僧）應化。

是年季春，天氣溫暖，恰逢閩地朝香客朝山後坐船歸鄉；隱元於是辭別潮音洞內僧眾，搭此香船返回福清。回家見母親，具告浙中尋父始終；母親見隱元歸來，喜自天降，眾兄長以及眾鄉親也前來相見，甚是歡愉。隱元遂與母親事佛持齋，日日念佛靜修。

心繫弘法利生之願

雖然在家與母親一面耕作，一面念佛修行，但隱元十分懷念在潮音洞的歲月，便請求母親同意讓他再往普陀山出家為僧。母親不許，對他說：為娘已經是風燭之年，你若真想出家，就等到娘百年之後吧！隱元幼年時，父親出鄉未見歸來，這幾年又尋父不著，長年來讓母親受盡淒苦；目下見母親兩鬢如霜，豈能忍心棄母遠走出家！於是默然聽母慈訓，在家與母農作為業，居家靜修；農閒時，陪母去近處寺院進香，常做放生善事；但是，家道仍日益清苦，家資也漸見殆盡。如此隨母清貧度日，不覺又是一春，隱元到了二十五歲。

隱元雖未能得到母親允許出家，但他去普陀山出家為僧的願望與日俱增。到萬曆四十五年，他二十六歲那年，隱元覺得光陰飛逝，乃決意出家。他跪求老母讓他去普陀山，並求兄嫂等照顧好母親。母親與兄長等見隱元已經毫無戀世之念，難以勸阻他的出離之志，只好無奈地捻出路資等費用，勉強答應了他。

於是，隱元拜別老母，毅然徑往普陀山。不料，行路至福寧州時，遇上了盜賊，行囊和路費等被洗劫一空；迫不得已，隱元只好原路返回。母親見他歸來，心中暗喜，又怨他任性行事，如能早聽老母規勸，也不至於會如此狼狽！隱元只能恨自己出家的因緣時節未到，依舊在家默默耕樵度日，終日慇勤侍母於左右。

萬曆四十六年（一六一八），隱元二十七歲。在家靜修念佛之餘，深慮難以有緣成就出家之願；又見母親的身體日漸衰弱，時時臥病在榻，每日侍母湯藥與飲食。

有一次，他出門去登石竹山，到了九仙觀中，祈求神明給他靈夢，保佑他諸願成就。初夏天氣溫暖，稍覺困乏的隱元，在觀內朦朧坐睡漸入夢鄉，夢見自己優遊於深山密林之中。步出林中，至一巨岩崖間時，仰見三位眉目清秀、仙風道骨的僧人，坐在盤石之上，正在吃西瓜，西瓜一剖為四；見隱元至，三位僧人喚他上岩石，將其中一分西瓜給隱元，隱元便欣然與他們同食，食畢遂寤。夢雖散去，夢境猶新。隱元不由暗喜，心想，此非預示四沙門果乎？我得其一，吾之夙願必將成就了。

自隱元那次往普陀山途中遭到盜賊而歸家之後，母子相依為命，轉眼便到了萬曆四十七年（一六一九），隱元已經二十八歲，照理早就應該成家立業、娶妻生子；但是，隱元一直堅持要出家修行，實現弘法利生的志願，只是因有老母需要贍養照顧，隱元又是一個十分孝廉的人。雖然他早年因家境清寒而輟學，但他本出生於書香門第，因此並未放棄讀書；而且，自從信仰佛教以後，對佛經以及佛法教理等也頗有涉及。

這一年，他的母親因病亡故，於是延請黃檗山的法師來禮懺修薦，以超度母親往生極樂國土，在本邑印林寺中再遇黃檗山的鑑源興壽（？至一六二六年）和尚。和尚知他有出家南海普陀之志向，於是婉轉地勸喻他：「人之學道，不拘遠近。因緣若至，到處皆是道場，何必擇地始成佛耶？」隱元答道：「恐檗山近俗，嫌疑未便。」和尚笑言：「人俗心不俗可耳。」隱元深明其旨，遂暗暗發心禮敬鑑源和尚為師，明春討往黃檗山剃度出家。

上面這段話，對隱元的一生來說十分重要。隱元羨慕南海普陀聖境，一直期望重返普陀道場，成就夙願；但是，鑑源和尚因機開示：出家之事，直心乃為道場，修心而不執著妄念；若心在佛道，何必執意出家修行之遠近，當下安住心念，便是修行要諦。隱元聞言，頓覺疑團冰釋。

他雖然仰慕黃檗祖師道場，卻恐在本地多有俗情相擾，不能脫俗入聖；鑑源和尚的「人俗心不俗可耳」一句開示，使隱元言下解悟，躊躇之意煙消雲散。因緣際會，根器純熟，隱元波瀾壯闊的一生，斯時翻開了新的一頁。

萬曆四十八年（一六二〇），隱元二十九歲。據《行實》所記，是年二月十九日值觀世音菩薩聖誕，特上黃檗山禮請鑑源和尚，懇求和尚慈悲為他薙染。因隱元出身本邑東林村，故此時和尚側近有僧便與他開玩笑地說：「東林亦有佛耶？」隱元答曰：「聞說佛性遍周沙界，豈獨外東林？昔廬山東林有慧遠，焉知今日東林無遠公乎？」聞者皆歎賞不已。剃度之後，隱元在黃檗山佛前默默立下宏願：此處落髮，若不精修梵行，與崇法門，生陷泥犁（地獄）！

此時，黃檗山久已失修，殿宇破損，於是隱元奉持寺院勸緣疏，奔走於四鄉八鄰化募。是年冬，聞知道亨法師開講《楞嚴經》，於是到海口瑞峰寺去聽經；初雖不解其義，聽至第四卷，略有領會勝解處。

此時，因萬曆皇帝明神宗朱翊鈞於七月二十一日（陽曆八月十八日）駕崩，於是由長子朱常洛（一五八二至一六二〇年）登基即位，即為明朝第十五代皇帝，廟號光宗，改元為泰昌，世稱泰昌帝。但是，即位只有一個月，於是年九月一日（陽曆九月二十六日）因急病崩殂，年僅三十九歲。

關於光宗崩殂，世稱「紅丸案」。其事由是，光宗即位後患下痢，鴻臚寺丞李可灼勸服「紅鉛丸」（丸藥）；初服一丸，頗有藥效，但服用第二丸後，突然於翌日崩御了。此事被某些朝臣認為是宮內鄭貴妃陰謀下毒，力求追究事件背後關係；於是，李可灼被彈劾，大學士方從哲因未勸阻服用紅丸，也遭眾人彈劾。

前文已經提過，萬曆年中的議立皇太子時，因萬曆帝欲廢長立幼而引發「國本之爭」的朝議對立，神宗素來喜歡寵妃鄭貴妃之子福王朱常洵，而不喜與出身低微、原是都人（北京庶民）宮女王氏（後封為恭妃）所生的長子朱常洛。後因母后慈聖皇太后與諸大臣的極力反對，最後只能立長子朱常洛為儲君。

光宗駕崩後，由其長子朱由校（一六〇五至一六二七年）即位，這就是明朝第十六位皇帝明熹宗，年號天啟，世稱天啟帝。熹宗享年僅二十三歲，在位共七年。在位期間，宦官魏忠賢專權於朝中，血腥鎮壓東林黨人，政治愈加黑暗；此外，努爾哈赤在滿洲建立後金，邊境戰事頻發，岌岌可危。

隱元出家之年，國家混亂，二帝相繼崩殂。如此改朝換代，實屬有史以來的罕見之事，明朝已經大顯衰相了。

第三章　黃檗山之復興、雲遊江南與參學

隱元禪師首入費老人之室，覿體承當，全身擔荷，掃去支離，絕無依倚。室中得入，師為翹楚。

本章主要闡述隱元出家於福清黃檗山萬福寺之後的參學、以及為復興祖庭而四處遊方等動靜；其中，插敘相關時代背景與寺院歷史，以及與隱元相關的重要人物。

福清黃檗山的興衰

黃檗者，樹名也，古字也書寫為「黃蘗」。明代李時珍（一五一八至一五九三年）於《本草綱目・蘗木・釋名》一項中記載道：

> 黃蘗，根名檀桓。時珍曰，蘗，木名，義未詳。《本經》言蘗木及根，不言蘗皮。豈古時木與皮通用乎？俗作「黃柏」者，省寫之謬也。

又在《黃蘗・氣味》一項中記述道：

> 苦，寒，無毒。《元素》曰：性寒，味苦，氣味俱厚，沉而降，陰也。

由此可見，黃蘗乃是一種生長在山野之間、含有苦寒之性的植物，民間用其樹皮作為藥材。正因為其寒苦之性，禪宗中常以之喻為僧家修行之清寒苦辛、得以受用後則清涼透脫之涵義。如隱元在《擬寒山詩百詠》一首中有「寒山徹骨寒，黃蘗連根苦；寒盡自回春，苦中涼肺腑」之句。又如在〈回山有感〉詩中有「細嘗黃蘗連根苦，冷看梅花徹骨貧」之句，以黃蘗之味闡發修行得道的意境。隱元歌詠「黃蘗」的詩句以及其示眾法語中出現甚多，此間不遑勝舉；意以闡明禪家的清貧苦寒，乃是一種孤高自清的品性，而此道味品行則恰似黃蘗之苦寒與清高之體性。

隱元出家的黃檗山，位於福清縣魚溪鎮梧瑞村境內。據南宋梁克家所撰《淳熙三山志．卷三六．觀類四》中寫道：

黃蘗寺，清遠里，以山多黃蘗名。江淹，南齊人，好山水，嘗遊焉。詩云：

長望竟何極，閩雲連越邊；南州饒奇怪，赤縣多靈仙。

金峰各虧日，銅石共臨天；陽岫照鸞彩，陰溪噴龍泉。

杌殘千代木，廧崒萬古煙；禽鳴丹壁上，猿嘯青崖間。

貞元五年，沙門正幹嘗從六祖學，既得其旨，乃辭去。祖送之曰：把菩即止。幹抵此乃安之，遂創院名般若臺。今十二祖師堂，其地也。八年，於其東大辟堂宇。德宗改為建福禪寺。皇朝咸平初，降太宗御書，因閣於法堂西，以藏之。

斷際大師黃檗希運

話說「黃檗」，不由使人想起唐代一代大禪師黃檗希運（？至八五〇年）。據目前最古的禪宗燈史《祖堂集》（南唐靜、筠二禪師編）第十六卷記載：

黃蘗和尚，嗣百丈，在高安縣。師諱希運，福州閩縣人也。自少於黃蘗寺出家，身長七尺，額有肉珠。

由此可知，斷際大師黃檗希運禪師是福建閩縣（今福州閩侯縣）人，在黃檗山建福禪寺（後來的萬福寺）出家。後出山遊方江浙，又往江西參見百丈懷海（七四九至八一四年），得其禪旨，印可嗣法。後在洪州高安縣（今江西省宜春市宜豐縣）的鷲峰山創立黃檗山黃檗寺；因不忘早年出家修行的故鄉黃檗山，故猶襲用山號。世稱福建福清黃檗山為「古黃檗」，江西高安黃檗山為「新黃檗」。

希運是臨濟義玄（？至八六六年）之師，後臨濟宗大興於世，其法乳出自江西洪州馬祖、百丈、黃檗；至於黃檗希運的禪法，在唐會昌滅佛之後得以大盛。由師從黃檗希運的在家弟子裴休（七九七至八七〇年）於唐大中十一年（八五七）、即希運圓寂七年後所寫的《黃檗山斷際禪師傳心法要》的序文中，可以了知大概：

有大禪師號希運，住洪州高安縣黃檗山鷲峰下。乃曹溪六祖之嫡孫、百丈之子、西堂之侄。獨佩最上乘離文字之印，唯傳一心，更無別法。（中略）故其言簡，其理直，其道峻，其行孤。四方學徒，望山而趨，睹相而悟。往來海眾，常千餘人。

裴休早年極力尊崇圭峰宗密（七八〇至八四一年）禪師；會昌滅佛之後，則轉師承黃檗於江西鍾陵（今南昌市新建縣）龍興寺以及宛陵（今安徽省宣城市）開元寺，得希運之禪旨，印可嗣法。

據林觀潮博士《臨濟宗黃檗派與日本黃檗宗》一書的研究，黃檗希運禪師與福清黃檗山的關係，除了希運出家一事以外，再也找不到其他相關的事蹟。不過，到了明季福清黃檗山中興時期，黃檗山僧俗比較重視以及強調斷際希運的影響。所謂山以人名、人以山重，唐宋禪宗燈錄多用黃檗代稱斷際希運；而自十七世紀下半期隱元開創日本黃檗山之後，黃檗則多用來代稱隱元隆琦了。

還須補充的是，自中唐之後，福清黃檗山雖是天下黃檗山之源流道場、斷際大師出家之寶剎；然而，禪宗在江西與湖南等地興盛發展，在相對偏遠、交通不便的閩地，則未能見如火如荼地隆盛與發展之景象。至於黃檗之名，則在臨濟宗大盛的中原與江西、湖北地區，以及後來宋孝宗治世時，對江南進行了開發，而於江南諸地也得以展開了強勁的宗勢與教線。

到了宋代，尤其是南宋之後，禪宗由江南日漸滲透到八閩之地，鼓山、雪峰以及黃檗山等聖地，佛法得以盛行。正如南宋詩人翁卷的〈遊黃檗寺〉中寫道：

天下兩黃檗，此中山是真；碑看前代刻，僧值故鄉人。

一宿禪房雨，經時客路塵；將行更瞻禮，十二祖師身。

這裡的「天下兩黃檗」，自然是指福清的黃檗山與江西的黃檗山；福清的黃檗山，則堪稱是天下黃檗山的母胎。

不過，儘管如此，福清黃檗山在唐貞元年間開山之後，史料中鮮見其具體事蹟，黃檗山之名皆稱江西高安的黃檗山。雖然《祖堂集》有希運是閩縣出生、在福清黃檗山出家的記載；但是，此書於南唐問世後，在中國散逸不傳，而傳至高麗國。

因此，「黃檗希運」的黃檗，或許沒有人會意識到希運早年出家的福清黃檗山，而是以高安黃檗山聞名；因為，黃檗希運的著名傳世語錄《黃檗山斷際禪師傳心法要》與《黃檗斷際禪師宛陵錄》都沒有提到希運的出身地。雖然宋代的禪宗傳燈史書等提及斯事，也僅承襲《祖堂集》之說，而且只是一筆帶過而已。

福建黃檗山之宋代盛況

可見，在兩宋時期，福清黃檗山並非是當時舉足輕重的寺院；而且，福建地區雖有禪宗大剎，也多提及閩侯雪峰山崇聖禪寺以及鼓山湧泉禪寺等，罕聞黃檗山萬福寺名。此外，明朝中葉之後，福建地區的臨濟法脈系譜不清，禪僧的傳承多屬不詳；直至崇禎之後，密雲圓悟以及費隱通容師弟二代的住山，福清黃檗山才迎來了黃金時期；當然，費隱法子隱元的功勞尤為巨大。我們從明代崇禎年間所修編的《黃檗寺志．卷一》之記載可知：

黃檗山，距福州府福清縣城西二十里，為洪路驛。由驛而南循金應，緣大壤而入，為清遠里之黎灣，黎灣在獅子、香爐二峰內。明相國葉文忠與江虞部構亭於山門道左，立有記遊碑亭。西數武為下棋壠，壠之右為桑池園，接寺拱橋。踰橋而北百餘武，歷三樹橋而進，是為黃檗寺門；其山多產黃檗，因以為名。唐貞元間，正幹禪師肇為開山，繼有斷際希運禪師出家於此，厥後闡化方外，所住巨刹皆以黃檗稱，為酷愛茲山幽邃故也。

從上文中可知黃檗山的地理位置，以及開山初創時的正幹禪師以及唐一代名僧黃檗希運的簡要事項。

關於正幹禪師，據前面宋人梁克家編修的《淳熙三山志》中記載是在唐貞元五年（七八九）開闢黃檗山，而且是從六祖惠能（六三八至七一三年）學禪的得法弟子。從年代來看，兩者相差七十餘年，不可能為師徒關係，正幹在禪宗的燈史資料上也沒有留下任何記錄，只有在《黃檗寺志．卷二．僧》中記道：

開山正幹禪師，師姓吳，莆田人，得法於曹溪，後辭歸，至福唐黃檗山。乃曰：予師受記，遇苦即至，其在是乎？遂結庵於茲，為黃檗之肇始云。右嗣法曹溪。

這裏的「遇苦而止」的「苦」，自然是指「黃檗」；「曹溪」兩字比較隱晦，可以認為是「曹溪惠能」，也可以理解為六祖惠能的「曹溪山」。根據林觀潮博士的研究認為，正幹禪師在當時南宗禪盛行的嶺南曹溪山參學並得法北歸閩地，在家鄉莆田鄰近的福唐黃檗山結茅開山。這就顯得十分合情合理。

從年代上來看，筆者認為，正幹應該是屬於惠能的法孫輩或者曾孫輩的弟子；至於在曹溪山中的得法之師究竟是誰，當然已經無從推究了。另外，林博士在研究中提到，莆田出身的僧人一直與黃檗山的因緣甚深，也是饒有興味的話題之一。

此外，前面引文裡提到的「葉文忠」，是促成黃檗山重興的重要人物。「葉文忠」的「文忠」，乃是明朝萬曆與天啟年間兩朝內閣首輔大臣葉向高（一五五九至一六二七年）的謚號。他是福建福清縣人，在相位時對黃檗山的重興產生頗大影響力，在黃檗山前造亭便是其中之一例。葉家是福清的書香門第，母方林氏也是福清的名家豪族。他在萬曆十一年登癸未科進士。

萬曆二十七年（一五九九），在仕官地南京認識了著名耶穌會士利瑪竇。後來他進入內閣之後，曾兩次接見利瑪竇，向他請教西學諸問題；並對利瑪竇的言說，特別是利瑪竇所主譯的《幾何原本》一書，極為重視。萬曆三十八年（一六一〇）利瑪竇逝世，葉向高力排眾議，奏請欽賜葬地給利瑪竇神父，可見葉向高的寬大胸襟。

值得一提的是，在萬曆三十五年後，因為萬曆朝中的糾紛，葉向高一人「獨相」（內閣中首輔大臣本應有五人）長達六年之久；在「神宗怠政」、「福王就藩」、「萬曆天啟之黨爭」等多事之秋，葉向高作為東林黨之魁首能獨當朝政多年，實非易事。天啟七年（一六二七）八月十九日，葉向高病逝於致仕（退休）隱退才兩月許的家鄉福清。崇禎帝即位，誅殺宦官之首領魏忠賢，遂追贈葉向高為「太師」，並諡號「文忠」。

關於福清黃檗山的歷史以及興衰的情狀，從《臨濟宗黃檗派與日本黃檗宗》研究以及現存的明崇禎年間《黃檗寺志》等史料中可知，在唐末五代與兩宋時期曾有一段興盛景象，我們可以透過一些與黃檗山相關的高僧、以及福建籍出身的官僚士大夫史料記載中得以瞭解。唐五代時期的僧人以及宋代文人，按林博士的研究以及梳理，唐五代時期在黃檗山有名僧五人，即正幹、希運、大安、鴻庥（也作鴻休）、月輪。

大安、鴻庥、月輪此三高僧事蹟在《宋高僧傳》中均有傳錄，崇禎年間所修編的《黃檗寺志》是應該是蹈襲轉載此書中的傳記內容。

而宋代文人士大夫蔡襄、真德秀、劉克莊、林希逸、翁卷等數名，也皆為福建出身的著名官僚。

其中，北宋的蔡襄（一〇一二至一〇六七年），字君謨，為興化軍仙遊縣（今莆田市仙遊縣）人，善書法，與蘇軾、黃庭堅、米芾並稱「北宋四大家」，仁宗天聖八年中進士，在仁宗朝與英宗朝中，歷官知制誥、端明殿學士以及杭州太守等職，謚號忠惠，追贈吏部侍郎。蔡襄不但善書法，而且精通茶事，其詩文也聞名於世，有《蔡忠惠集》、《茶錄》、《荔枝譜》等傳世。

在蔡襄的眾多詩文中，有一首〈宿黃檗聽彬長老譚禪〉（收於《端明集·卷六》）言及福清黃檗山，其詩云：

一圓靈寂本清真，誰向蒼浪更問津。
欲說西來無見處，奈何言句亦前塵。

在兩宋時期，東西黃檗並盛禪法是有口皆碑的；可惜，福清黃檗寺毀於宋末元初之戰火，所以唐宋時的黃檗山資料早已蕩然無存。直到明代中後期，黃檗山方有重興之兆。不過，從蔡端明（襄）的這首詩以及其他宋代文人的幾首詩歌中，可以窺知宋代福清黃檗山確有過一段輝煌的興盛時期，這是毋庸置疑的。而由前面提及之梁克家《淳熙三山志》記載可知，自唐德宗皇帝敕名為建福禪寺之後，黃檗山遂發展為相當可觀的規模。又經北宋真宗咸平（九九八至一〇〇三年）初起，朝廷特降下太宗皇帝御書，並藏之於寺之法堂西閣，更足見此時黃檗山禪法盛況之一斑。所以，蔡襄眼中的黃檗山，必是一座相當壯觀的寺院。

明崇禎《黃檗寺志．卷一》中記「盛於宋，毀於胡元，重興於皇明。」雖是極為籠統的記述，但也足以為取信。其他還有劉克莊（一一八七至一二六九年）的〈遊黃檗寺〉、以及林希逸（一一九三至一二七一年）所作的〈遊黃檗寺〉七言律詩等，皆可從中想見當年之盛況。

到了宋末元初之後，由於社會動盪以及王朝更替，黃檗山幾度毀於兵戈戰亂；直到明代初期，始終處於低落蕭條的狀態之中。萬曆中雖有復興，但明亡之後，清廷追剿南明政權，黃檗山又難逃劫難。

按史料所記，明太祖洪武年間有莆田僧大休，得同邑檀越周心鑒的外護以及贊助，有一時中興之法運。然而，到了明世宗嘉靖年間，東南沿海一帶遭倭寇之害，地處海域的福清屢受肆虐之苦，黃檗山也難逃劫難。

御賜龍藏鎮山

到了明朝隆慶與萬曆年間，俗姓陳、出身泉州府惠安縣的僧人中天正圓（一五四二至一六一〇年），為黃檗山的重興作出了很大的貢獻；其中，在萬曆年間其師與徒孫發願赴京請御賜大藏經供奉於黃檗之事，十分可貴。

由隱元撰述的〈中天祖福善堂香燈碑記〉可知，黃檗山在中天正圓於萬曆年間（推算約於一五九〇至一六一〇的二十年間）入山前後時節，是一座荒蕪破落、失修已久的廢寺；中天勵精圖治，但是困難重重。其中最令他頭痛的，是當地山民的時時侵凌與擾亂。因此，中天在六十歲時（萬曆二十九年，一六〇一），發願北上京師請朝廷欽賜龍藏鎮山。

這個想法很有智慧。因為，如果能迎請到皇上所御賜大藏經，寺院的地位自然顯得崇高，山民便不敢藐視王法而貿然到寺院來作亂；即便會來鬧事，至少不會像之前那般猖狂。但是，中天的請藏歷時八載，至死仍未能如願。

但是，他的徒孫鑑源興壽（即隱元的剃度師）、鏡源興慈（?至一六一八年，隱元的師叔）繼承遺志，又花了六年多時間上京師請藏，終於在萬曆四十二年（一六一四），在同鄉相國葉向高的護持下，得到了神宗皇帝的御賜藏經，成就了師徒兩代前後歷時十五年之久的大願。這堪稱是黃檗山歷史上的一件盛事！得到朝廷以及宰官的護持後，寺院得以新添殿堂藏經閣，山民的侵凌也得以平息了。

關於萬曆帝御賜藏經之事，在《黃檗寺志．卷一》之〈藏經閣〉與〈萬福禪寺〉中記載，在萬曆四十二年，御賜大藏經的同時，黃檗山的寺號也敕為萬福禪寺。

從正幹開山的般若臺、唐德宗貞元間敕號建福禪寺、到明神宗敕萬福禪寺，黃檗山的興衰榮枯，在近千年歲月中默默地堅守著，正如味初苦而復甘的黃檗樹那樣生長在深山幽谷之間。中天和尚的發願赴帝京請藏，真可謂是駕一葉扁舟浮游於大海之上，受盡艱辛，至死不得請歸，很是悲愴！試想，在萬曆怠政的那個年月中，一介閩地村僧何以能上得了帝闕？面得帝君？何以能請得回龍藏？但是，宏願不盡故，成事非遙！其徒孫們不改其志，再苦請不止，終於在歷時十五個春秋後，在葉相國斡旋下，得以成就！

萬曆四十二年（甲寅），葉向高已辭去相位正在家鄉閑居。是年，神宗晉昇葉向高為少師兼太子太師；因此，他借勢得以奏准了此事，可謂得天時地利人和。葉一直到六年後的神宗駕崩、光宗即位的泰昌元年（一六二〇），又奉詔重入內閣。未及動身，光宗遽死，其子熹宗即位；於天啟元年（一六二一）十月，葉作為首輔重登相位。所以，在閑居故鄉的六年中，葉相國對黃檗山的護持是相當得力的。

因神宗為了追薦其母后，於萬曆甲寅年秋，選擇全國六處名山大寺御賜藏經。黃檗山雖是閩地古剎，但在全國諸山中的名聲相對微小；由於葉向高的力薦，才得以躋身六大賜藏寺院之列，這件事一直讓福清的僧眾善信感恩不盡。御賜藏經之由緒，葉向高的〈重興黃檗山募緣序〉（收入《黃檗寺志．卷六．外護》）中，除了敘述其過程之曲折，亦道出了賜藏之必要：

夫茲山自開闢至今，不知更幾千萬年，始得聖天子被之。寵靈不難，遣中使發帑金，跋涉萬里而來。煌煌帝命，焜耀於重巖深谷之中，父老兒童莫不奔走聚觀，以為曠古盛事；微獨山靈之幸，亦吾鄉里之光也。而祇林鹿苑，鞠為篙策；貝葉琅函，珍藏無所；委君命於草莽，寧非吾邦人之過歟？或者謂佛教荒唐，儒者所辟，不宜崇奉；不知宇宙間既有此一種道理，自不可廢。以高皇帝之神聖，猶存其說；余在留都，見其剎名田，遍滿畿甸，皆高皇帝

> 所給賜也。黃檗之為道場，已數千年，重以今天子之命，可不恭乎？而正圓以區區一老衲，欲行其志，雖死不悔，其孫卒能成之。亦足見彼教之有人，而天下事苟有必為之志，天亦為動，無終格者。顧寺宇之興，非獨力所能就。

從引文來看，葉向高雖是儒人，但就他像當年善待天主教神父利瑪竇那般，對佛教也抱有十分明哲寬大的態度；正如文中所說「宇宙間既有此一種道理，自不可廢」，顯出他十分寬厚的胸懷以及超人的見識。他十分讚賞正圓和尚等人的弘毅，也真心為家鄉父老以及善信盡一點父母官的力量。在《黃檗寺志．卷三》中記錄了葉的言語：

> 黃檗名山也，而寺久廢。余謝事日，適皇上念及海邦，遣中使賚經來賜；余與親友重興新剎，為藏經祝聖之所。

葉相國在歸田的數年中，不僅護持黃檗山，對其他不少佛寺也時有關注。對於葉相國的檀越之功，寺僧以及鄉人也一直感念；寺院以及鄉人為之造堂立像以紀念，深深緬懷他的功勳以及恩德。

興壽與興慈歸寂後，鄉紳等先後請來密雲和費隱來住持黃檗山，之後又有隱元主席道場；黃檗名山得高僧大德闡揚，一舉成為舉世矚目的禪宗名寺。儘管如此，黃檗山仍是一座剛復興的寺院，比起江浙乃至閩中等禪宗五山十剎的十方叢林制度之諸山而言，黃檗山只是一座雖具一定規模、仍是子孫相承的地方寺院而已。

到了密雲以及費隱師徒相繼來住山，黃檗山的法運以及名聲得到了前所未有的飛躍性發展。在明代，隨著海上交通以及經濟發展，給相對偏遠的閩地佛教之發展也帶來很大的機運；不但是臨濟，曹洞諸宗也在八閩與嶺南之地宗風重振，與江南諸山形成並駕齊驅之勢。

到了明亡之際，隱元及其弟子以黃檗山僧的身分東渡扶桑，並在日本開闢黃檗山萬福寺，使得黃檗山一舉名揚海內外。福清黃檗山因日本京都有「新黃檗」之稱，而得到了「古黃檗」之美譽。古人嘗云：非法弘人，乃人弘法。誠非虛言！

師祖密雲圓悟

福清黃檗山之史話告一段落，在此回到隱元的本生事蹟。按《行實》所記，明天啟元年（一六二一），隱元時年三十歲，在黃檗山中安居。因古剎久已年月失修，殿宇已荒圮破落不堪；於是，隱元雖剛出家不久，卻立志修復祖庭，乃領勸緣疏，奉寺之命，出遊燕京募化修寺所需。

隱元領疏，一路北上。行腳至杭州時，忽聞京都有警，故一時無緣北行，於是轉道往紹興，在會稽雲門寺（顯聖寺）暫住，參學於湛然和尚，聽講《涅槃經》。在雲門寓居間，始聞費隱通容之大名，仰慕不已。

按《行實》記載，到了天啟二年春，隱元由紹興往嘉興興善寺聽《法華經》。翌年，隱元三十二歲，依舊淹留於浙江。曾往峽石山碧雲寺去聽《楞嚴經》，目睹講席溷濫無序，遂感慨不已。在與同修慈然禪友論及經中意旨，認為經乃示人以徑路，禪家應在實修實證，不然如說食猶如畫餅而已，終不可療饑。因聞在天台通玄寺有密雲和尚，乃是當代明眼宗師，甚有參謁之意。《年譜》中記曰：

> 聞天台通玄有密雲和尚乃臨濟下尊宿，當往參謁；因緣相契，即依之以了生死大事，不然向山頂修行去。慈然之。

可見，隱元因一時北上不得，遂在浙東地區尋師訪友，聽經參禪。在途次聞得密雲圓悟開法於天台通玄寺，於是約同參慈然一起去拜謁密雲，以了決生死大事，圓成無上道果。

密雲之生平與教法

密雲圓悟，常州府宜興縣人，俗姓蔣氏，生於嘉靖四十五年（一五六六）十一月，生性樸質，以農耕為務。因讀《六祖壇經》而略知禪門之事，一日堆積柴木而有所省。

萬曆二十三年（一五九五），其二十九歲時，往本邑從龍池山禹門禪院幻有正傳（一五四九至一六一四年）祝髮，勤苦修行。萬曆三十年（一六〇二），隨從正傳移錫北京，並任龍池禪院監院。一日，路過銅棺山而豁然大悟。萬曆三十九年（一六一一）二月，四十六歲時得嗣正傳之衣鉢，為臨濟正宗楊岐派三十世傳法之人。萬曆四十二年（一六一四）二月，正傳遷化；守塔三年後，於萬曆四十五年四月十五日繼席龍池山禹門禪院。天啟三年（一六二三），移住台州天台山通玄寺。隱元此年三十二歲，在浙東參學時初聞通玄寺密雲之名，密雲時年五十八歲。

不過，到了第二年的天啟四年（一六二四）五月六日，應請轉住嘉興府海鹽縣金粟山廣慧禪寺；崇禎三年（一六三〇）三月二十七日，應請移錫往福州福清黃檗山萬福禪寺陞座開堂；黃檗山住持一夏，於翌年二月十五日晉住寧波鄮山育王廣利禪寺；同年中再住金粟山廣慧禪寺與寧波天童山景德禪寺。密雲在天童住山最久，一直到崇禎十四年（一六四一），歷時十年，大闡禪法，成為繼東晉開山義興、南宋中興宏智正覺之後的天童重興之祖。

崇禎十四年，奉詔入住金陵大報恩寺；崇禎十五年（一六四二）歸天台山通玄寺，於七月七日圓寂，世壽七十七，僧臘四十七。是年九月，眾弟子將其靈骨歸天童山，於前山的幻智庵右麓建塔葬之。

密雲自龍池出世說法共二十六年，廣度無數僧俗弟子。得度弟子有通壽等三百餘人，傳法弟子有十二人，即五峰如學（一五八五至一六三三年）、漢月法藏（一五七三至一六三五年）、破山海明（一五九七至一六六六年）、費隱通容（一五九三至一六六一年）、石車通乘（一五九三至一六三八年）、朝宗通忍（一六〇四至一六四八年）、萬如通微（一五九四至一六五七年）、木陳道忞（一五九六至一六七四年）、石奇通雲（一五九四至一六六三年）、牧雲通門（一五九九至一六七一年）、浮石通賢（一五九三至一六六七年）、林野通奇（一五九五至一六五二年）十二法子。

嗣法門人如學、道忞、海明等編纂其語錄二十卷，其後弟子費隱通容重編其語錄十二卷，刊行流通於世。另外，密雲著有《辟妄七書》與《辟妄三錄》，是批判後來反目的弟子漢月法藏所著《五宗原》的檄文；還有〈辟妄救略說〉一篇，是批判法嗣法藏以及法孫潭吉弘忍（一五九九至一六三八年）的《五宗救》之文章。

密雲有同門法兄弟天隱圓修（一五七五至一六三五年），圓修門下有後來清順治帝拜其為國師的玉林通琇（一六一四至一六七五年），以及箬庵通問

（一六〇四至一六五五年）、松際通授（一五九三至一六四二年）等高弟。另一同門法兄弟雪嶠圓信（一五七一至一六四七年）也很有名；不過，圓信的得度弟子與傳法弟子未有記載。

密雲的門下出現了像漢月法藏、木陳道忞、費隱通容等優秀的門人，各化一方道場；但是，法門內部屢屢發生諍論，一直相續了近百年之久；甚至到了清第三代皇帝雍正胤禛（一六七八至一七三五年）治世時，御製《揀魔辨異錄》一書卷入天童門派的諍論，可說是亙古未見之奇事。在陳垣（一八八〇至一九七一年）所著的《明季滇黔佛教考》一書中，記述了密雲與法藏師徒之間的諍論。另，在《清初僧諍記》一書的卷二〈天童派之諍〉中，則記錄了費隱通容與木陳道忞的諍論，以及木陳與法侄繼起弘儲（一六〇五至一六七二年）之間的諍論。

密雲天童派下的諍論除了宗義上的分歧之外，更反映出明末清初王朝更替時期所引起的政治社會以及思想界和宗教界之間的混亂與紛爭，即作為漢民族中所出現的明朝遺民與苟且順從滿清的貳臣之間的對立中，所產生之各不相容的立場；不僅在士林，在僧界中也有所呈現。隱元是費隱的法子，當然與木陳及通琇等的立場相異，在很大程度上反映亡國悲情的遺民思想。

至於隱元參問密雲的經過，在《年譜》中有如下文字記載：

師三十二歲，按《行實》云：是春同慈然禪友，往海鹽，次張王廟，上秦住山積善庵。景西主人問：路中還曾見有好人麼？師云：試指個不好的出來看！不見道仁者見之謂之仁。西默然。又問七處徵心，畢竟在甚麼處？師云：請坐將茶來，下文還長，付在來日。西又默然。

因留過夏，正談及欲往天台事，忽聞密老和尚來應金粟，喜不自勝，私謂符我所願！遂買舟到金粟參見和尚，便問：學人初入禪門，未知向甚處做工夫，求和尚開示。密云：我這裡無有工夫可做，要行便行，要住便住，要臥便臥。

師云：蚊子多，臥不得時如何？密云：一巴掌！師拜退。置疑不決，七晝夜經行坐想，無有間斷。

第七日下午，密和尚在匡祖堂前過，師撞頭一見有省，便拜云：某甲會得和尚掌中意。密云：道看！師便喝。密云：再道看！師又喝。密云：三喝四喝後如何？師云：今歲鹽貴如米。密云：走開，不得礙人路頭！師禮拜退。自此日常自作主宰，活潑潑地，亦不請問，亦無疑情。其用工奮發如此。

由上述文字可知，在天啟四年（一六二四）夏，隱元往金粟山廣慧禪寺去參見剛入山不久的密雲圓悟禪師，拜問佛法津要以及禪家工夫之事。密雲的禪法一向孤峻，回答隱元「我這裡無有工夫可做，行坐住臥但在任運自在中，無多伎倆。」隱元此時未入其境界，畫蛇添足地再問「此處蚊子太多，臥不得時這麼辦？」密雲即給他三個字「一巴掌」。隱元悶吃這一巴掌，未能省覺，於是禮退回僧堂思索參究了整整七天。

後在匡祖堂（應是供奉雲門匡真禪師的祖堂，《年譜》中記作「康祖堂」，恐是誤字。茲以《黃檗寺志》所記「匡祖堂」為準）門口撞頭撞見密雲，頓時摸著自已巴鼻，識得本來面目；於是禮拜密雲，言已經參悟了密雲的「掌中意」。密雲讓他再說說看；隱元連喝兩次，獅子初吼於山林，震破三界。密雲更進一兩層追問道：三喝四喝後如何？隱元急轉便說「今歲鹽貴如米」；其意為，「我三四喝前兩喝只是為自已虛張聲勢而已，後喝則是欲翻身出世間為天下大眾人憂慮鹽米之事。」密雲知其已有見處，印可他言「快走開，莫擋我行路」，意為佛法自在、各行大道去也。至此，隱元身心通達無礙，任運自在，疑情冰釋。

歷來對密雲的禪法的評價為，其接人手段再現德山的痛棒與臨濟的雷喝；在他的棒喝之下悟道的得法弟子——如費隱等，幾度在此棒喝下，震破了耳膜，打痛了脊梁。不過，密雲與隱元的這一段酬答，卻是意外地雲淡風輕。

在金粟參學期間，隱元雖已開悟，然密雲並未傳其法卷；後來又讓弟子費隱通容傳法，隱元則列為其門下法孫。這自然有密雲之深意所在。

禪寺浴堂逸話

說到有趣的「一巴掌話」，不禁讓筆者回憶起三十餘年前在天童安居時，聽住持廣修長老（一九二二至二〇一五年）對我說過的一段關於密祖的軼聞趣事。為何說是軼聞或逸話呢？因為一直是寺僧間口傳，未見有文字所記之事。

據說，以前天童山裡的浴堂開浴，當山住持總是在知浴或浴頭打了第二通鼓之後才慢慢踱入，一個人默然沐浴。一般而言，到了明代以後，住持應該在第一通鼓後入；但在天童，自密雲圓寂後，便如此行事。這是因為，密雲行將滅度時曾囑咐，「我滅後，身心常在天童山內，凡山內年間行事次第進退不改我住山之序。」因此，後來的天童住持依遵遺訓。

但是，隨著日月流逝，某代住持便暗生疑問：密雲圓寂已經數年，天下哪有亡者先去洗浴，而讓現任住持落後之理！於是，有一次，聽到第一通鼓下，這位住持便大步流星地走進浴室；不料，才剛入浴室門，便狠狠地挨了一大巴掌，嚇得他捂著打腫的臉，連滾帶爬地逃回方丈，方知神靈不可不敬。

我當時聽了此「一巴掌話」，不免掩口而笑；一者笑此事奇妙，二者也有一絲難信之意。

當然，我在天童時，剛從文革動亂後恢復未久，大眾浴室已經不復存在，當時也只有一兩處有淋浴設備；那時的僧侶們也很少洗澡，往往燒一點熱水擦擦身子而已，一般洗臉、洗腳便完事，自然也無有聞打浴鼓之事了。後來到了日本永平寺安居時，才親見在入浴之日（往往在午後兩點）知浴（浴主）和尚打鼓告眾之光景，感到格外陌生且可親。

其實，開浴堂沐浴僧眾之事，始於天竺，有記於僧律與清規；大乘佛典《華嚴經·淨行品》中有入浴的經文，那是在入浴前必須念誦的。按文獻記載，宋代禪宗叢林依《禪苑清規》上的入浴規定是，每月逢四九日（四日、九日、十四日、十九日、二十四日、二十九日）為入浴日，在卷四「浴主」一項中記曰：「打疊鳴鼓請眾。前兩會眾僧入浴，後一會行者入浴；末後，住持知事人入浴。」

另在元代修編的《禪林備用清規》中則記道：「鳴鼓開浴，一通僧眾，二通頭首，三通知事、行者，四通人力監作；彈壓浴次刊揭門首，住持三鼓前後。」可見，宋元禪林的入浴次第，皆為大眾優先，住持落後。

而到了明代，則翻過來。如明代所修《叢林兩序須知》所記那樣，第一鼓住持先入，然後知事班首，最後一般僧眾。隱元時所用的《黃檗清規·浴堂規》（一五七〇年刊行），或許是因襲當時禪林所通用的清規而修訂。明代究竟為何要改變宋元舊規，另攀新條？尚待以後再作研究。

按照印度的律制，沐浴是僧侶的重要行法，除了洗淨塵垢之外，還有修行淨法、供養僧眾以及療治病患的作用。佛教傳入漢地之後，沐浴之法也為寺院繼承；尤其是到了唐宋禪宗禪林制度的確立、以及禪林文化的發達，沐浴之法更受重視，規定每月四、九日開浴。

在元代大慧派的名僧東陽德煇奉詔所修的《敕修百丈清規》中，有「寒日五日一浴，暑天每日淋汗」的記載。宋代禪林稱浴室為「宣明堂」等，徑山大慧禪師亦稱之為「香水海」——可能取意《華嚴經》中所說的無量菩薩大眾之「香水海」，南宋首都臨安城中的浴堂則喚作「香水行」，此語想是源出佛教。

日本禪林至今沿用「香水海」一語，曹洞宗永平寺也將「香水海」三字題於浴室入門口之匾額上。浴室為日本禪寺七堂伽藍之一，一般位於東側，而與西側的東司（即廁所）相對。堂內供奉著《首楞嚴經》所載之因水悟道的跋陀婆羅菩薩作為本尊，應是沿襲了宋元禪林的規範。

可惜的是，近現代以來的漢地寺院的浴室規制已經廢弛，自然也不復實行古來的開浴規矩了。

據聞今年（二〇二三）是廣修老和尚冥壽百零一歲之辰；這段老和尚告訴我的密雲「一巴掌」舊話，誠讓我覺得昨是而今非，天下事都在啼笑皆非、不可言表之中。適逢我撰寫《隱元》的因緣，不禁勾起這段「一巴掌」話頭，平添一層法門深意！

重興天童、奠定黃檗

除了「一巴掌」故事之外，據說密雲圓寂在天台山通玄寺後，弟子們將遺體運回天童山荼毗後入塔。他生前留下的僧衣、僧帽、僧鞋一直放在雲水堂內，據說雲水僧會爭著去穿戴一下，因為大家都希望能沾上一點祖師的靈氣，將來也可以成佛作祖、大行佛事。好笑的是，密雲長得魁偉異常，僧眾去穿其衣冠，有如學唱戲的孩童穿上了關帝聖君的青龍袍，大多顯得頭小身短！據說，密雲遺留下來的衣冠行頭，在五十年代末被視為封建四舊而付之一炬！我自然無福見到，何談穿戴！

密雲在天童住持最久，不但莊嚴寺院殿堂，修建內外放生池（天童稱外萬工池、內萬工池），而且培育了眾多法門龍象，特別是如門下費隱通容、木陳道忞、林野通奇、漢月法藏、石奇通雲等十二高徒皆一代傑僧，雄視當世，本書高僧隱元也是他「一巴掌」打出來的錚錚法器。以密雲一門為中心的楊岐法派，子孫繁盛，影響巨大，史稱天童密雲禪派，大盛於明末清初，乃至民國禪林，於今依然傳之四海，法脈綿綿。

今人說起明代密雲圓悟，大凡直接以「天童」冠於名前。對作為江南五山巨剎的天童寺來說，東晉義興禪師作為結茆開山的鼻祖，南宋宏智正覺禪師作為中興道場之祖，明末密雲圓悟禪師則作為重興之祖，在天童寺一千七百餘年的歷史上，有著彪炳千秋的功績與無可倫比的傑出成就！但是，對於福清黃檗山萬福寺來說，雖然密雲在那裡只做過一夏的住持；然而，這是黃檗山歷史上極為濃重的一筆，乃為繼往開來的一件大事！

如果說，請來御賜龍藏鎮山，使黃檗山權可穩住山門的話；密雲的來山開法，則開啟了黃檗山的臨濟正宗法統，使黃檗山從此擺脫了閩地一弱小山寺的境地，並迎來了密雲、費隱、隱元三代重興祖庭叢林的大好機緣，也由此奠定了黃檗宗的傳承正續。在《黃檗寺志》中所記「黃檗傳法法派，明第一代黃檗開法圓悟密雲祖師源流法派」中的二十衍字為：「祖道戒定宗，方廣正圓通；行超明實際，了達悟真空」。由此，承上而啟下，風行草偃，傳遍五湖四海。

到過天童寺的人，也許都會發現，天童山內的堂宇匾額的字體十分雄壯遒勁，那是密雲祖師的手筆，如天王殿、禪堂、雲水堂等。這也有一段口傳的趣聞，也是廣修老和尚當年告訴我的掌故。據說，密雲在崇禎年間修復完天童寺的諸堂閣後，想請當時最著名的大書畫家董其昌（一五五五至一六三六年）來題寫匾額。

誰知，這位名聞遐邇的香光居士，幾次應請，轎子剛到寧波府中或行至鄞縣寶幢時，便被州府縣官紳半路迎至衙門接待，讓密雲好幾次望穿山門，不見鴻影。於是，密雲拂然不悅，高聲大呼：求人不如求己！遂捲起袖管，奮筆將匾額一一寫就；等到董香光來山一見，不由俯首謝罪說，「和尚如此神腕，不肖弟子玄宰（董其昌之字）我實望塵莫及也！」

雖然董其昌有些過譽之嫌，但密祖所題匾額的確字字驚天地、筆筆泣鬼神，昂昂藏藏，大顯禪家之灑脫之氣！密祖雖然讀書不多，但是憑著他經年的真修實證工夫，下筆自然非同凡響！

不過，文革結束後，寺院重修，諸堂樓的木匾都找到並安置原處，唯獨「天王殿」的匾額尋不見。後來，有人上山告知住持廣修老和尚，山下村莊裡有一戶人家門口的洗衣板大得出奇，很可能是天童寺的舊物；廣老隨他前去一看，果然是密祖所題的天王殿巨匾！這種事情，在文革那個非正常時期是不勝枚舉；幸好匾額沒有被當柴燒掉，也許是佛祖的靈驗和冥護吧！

提攜隱元

據隱元的《年譜》所記：

（天啟）五年乙丑，師三十四歲，在禪堂夜坐達旦，脇不沾席，至漏深人定，則搭衣禮佛，並禮東西大眾云云。

又有：

（天啟）六年丙寅，師三十五歲，是年金粟眾滿五百，分為兩堂。五峰學、破山明居版（班）首，師轉堂主。述自警偈。

一日與峰相見次，豎拳云：識得這個，天下太平；識得這個，天下爭競，如何決斷？峰云：這個從甚麼處得來？師便喝；峰云：哪裡學得來？師又喝，峰便打；師再喝，峰又打；師喝兩喝，峰連兩打。眾謂：老隱今日敗闕。師云：非汝境界！由是坐臥不安，氣憤憤地，平目而行，千人之中不見有一人，亦不知有身。次日早課，維那鳴磬一聲，始覺身在此立。復自經行，至第三日上午，忽窗外一陣風吹入，寒毛卓豎，通身白汗，大徹源底。便知三世諸佛、歷代祖師、天下老和尚、情與無情，盡在一毫頭上，了了分明，無二無別，不可舉似於人，惟自證乃知。心中喜甚，逢人便笑。眾謂老隱著魔了。師云：非汝所知。忽記經云：若作聖證，即入群魔。遂無喜色。同參續知公知師所證，謂五峰曰：老隱徹也。峰乃對眾勘云：汝有悟處，試道看。師云：道即不難，只恐驚群動眾。峰云：但說何妨。師打筋斗而出。峰云：真獅子兒，善能吼哮！尋出堂作火頭。

一日，密和尚室中與眾論敬鬼神而遠之，眾答已。師在門外立，密云：汝進來說看。師進前，豎火叉云：離不得這老賊，近不得這老賊。密便打云：汝作賊會那！師即拂火叉出，云：賊賊。師與密和尚機語契合多如此。

如上一段記錄是隱元於天啟五年至六年在嘉興金粟山在密雲會下修行的情狀。密雲在金粟廣慧禪寺的住持時間是從天啟四年（一六二四）五月六日從通玄寺移住起，一直至崇禎三年（一六三〇）三月二十七日轉住黃檗山萬福禪寺為止，大約有六年左右。不過，密雲往黃檗山任住持，是因為出於黃檗山大眾以及福清檀越主葉益蕃等的懇請。

按崇禎《黃檗寺志・卷二・密雲悟禪師》所記：「是年秋，僧隆宓、隆瑞等，同檀越葉益蕃、外護林伯春、卓冠、林宗漢、龔士龍修書請師住持黃檗。明年春仲，師飛錫來閩，於三月二十七日入院，甫一期。」

由此可知，密雲住持黃檗，不逾半年，而過一夏，留下了安居結制的上堂法語。但是，對於黃檗山來說，密雲的來住，如斷際禪師飛錫、神宗皇帝賜藏一般，使得黃檗山內可安眾辦道，外則能息當地無賴漢騷擾，同時又能使黃檗山得以享譽海內。密雲從黃檗山回金粟之後，又於崇禎四年二月十五日應請去寧波阿育王寺進院開堂。

按筆者的研究，可以推測，密雲雖然離開黃檗山，但是並沒有正式辭去住持之職，應是仍掛名於黃檗方丈；因為，密雲走後，黃檗寺三年未請住持，直到密雲的弟子費隱來山主席，才補了虛位，很可能是密雲的讓賢。因為，凡密雲所住持過的通玄、金粟、天童等寺院，亦復如是，後來都是他的法子繼席。在明代直至現代，名僧同時掛名幾座寺院並非稀罕之事；況且，對黃檗山來說，密雲能名留山中掛住持之名，在當時禪林諸山中可以穩固黃檗山地位，對以後的發展壯大也會帶來較佳的機運與充分的條件。

尤其是在這一年的七月望日，密雲在山中傳法給福清出身的費隱通容，這為費隱在三年後的天啟六年（一六二六）十月十五日主席黃檗山、以及後來法孫隱元的兩度住山，奠定了堅實的基礎和鋪墊。而按隱元的《年譜》資料來看，隱元的開悟地在金粟山密雲的會下，而得法費隱於福清黃檗山。隱元在金粟山參學密雲五年多，而且追隨密雲去黃檗山；在密雲的提撕下，隱元為金粟山僧眾所認可，堪稱法門大器。

正如《年譜》中記道：

毅宗皇帝崇禎元年戊辰　師三十七歲，按與徑江林護法書略曰：山僧自是東林一介凡夫，二十九歲出家黃檗，貴族老幼莫不駭然。山僧頗知其意，克志精修，徧參諸方。後在金粟五年，徹法源底，乃省己分中日用事無別之旨，苟非仁者警發，焉有今日之事乎？贈達徵禪師偈，時金粟開戒期，師為證戒阿闍梨。

在《年譜》「崇禎二年（一六二九）條」中又記曰：

二年己巳，師三十八歲。春金粟解制，辭密老和尚偈云：

水裡有天藏世界，潭中無物映山河。
錦鱗破浪翻身去，敢借風雷意若何。
密默為首肯。尋抵嘉善縣狄秋庵。（中略）八月，福清黃檗耆宿同護法居士詣金粟請密和尚開法。和尚念斷際祖庭，遂許焉。有書招師，仍回金粟；冬同浮石禪師為知浴，公務之餘，拈提偈頌無虛日時。海眾雲輿，好爭勝負，師則恬然，人皆嘆服，謂有古尊宿風。

從以上史料大致可知隱元在金粟修行的經歷。除了參學密雲、得密雲默許之外，他在山中又親近密雲的得法高徒五峰如學、破山海明、浮石通賢等前輩，道法已臻圓熟。因密雲受請黃檗山，於是密雲致書隱元再回金粟，計明春同往福清。一者，密雲愛隱元之才德；二者，因隱元是福清人氏，諳通本地語音以及人事等，利於募化籌建諸事。

在《年譜》「崇禎三年庚午條」中說：

師三十九歲，春從密老和尚應黃檗請，三月二十七日進山時，角立之士，如天童忞、雪竇雲、古南門等，皆在座下。未幾，和尚命師領疏南行募化。（中略）及回山，則密和尚已於八月歸浙矣。

隱元隨密雲，歸黃檗山。從天啟元年三十歲時因復興黃檗山而領化緣疏簿出山北上，滯留江南諸山叢林，徧參尊宿，一晃已將近十年。回黃檗時，與木陳等宗門龍象一起參侍密老和尚，因黃檗有待重修，奉命南下，遂往漳州以及潮州等地募化。而當時世道紛亂，化緣甚難。是年八月歸山之時，密雲已經受他請而移錫浙江了，山中一時無名僧，空手回鄉的隱元見祖山蕭索，不覺惆悵不已。吟詩云：檗山蒼翠碧層層，難掩孤貧一個僧；堪笑化工又未瞥，春來秋去太忙生。又有詩句：細嘗黃蘗連根苦，冷看梅花徹骨貧。可見隱元回山之後的心境。

本師費隱通容

崇禎四年（一六三一），隱元已到不惑之年。據史料記載，隱元受當地居士所請，往獅子巖閑住。是年，剃度性常、性樂、性善等諸弟子。在獅子巖時與眾弟子開墾荒地，清苦度日，以養聖胎，心常怡然自得。隱元居獅子巖春秋二度，一直到崇禎六年（一六三三）四十二歲時，是年十月十五日，費隱應請主席黃檗山，延請隱元為西堂，於是歸山領命，輔佐費隱統領大眾，後來得費隱法卷，為臨濟正宗三十二代傳人。

前面已經說過，隱元在金粟山中參密雲五年，已經徹見心源，只是尚未得到傳法之契證而已。但是，佛法講究因緣際會；隱元與密雲雖有悟道之機緣，與費隱則有嗣法之道契。費隱比隱元還小一歲，但是早入佛門學道。早年隱元剛到江南之時，已聞知費隱之道譽，心有神往；十年之後，乃有立雪之機緣，有法乳之深恩。

費隱之生平及著作

費隱通容，也是福清人，是本地江陰里何氏子，何氏也為福唐名門豪族。其生於萬曆二十一年（一五九三）五月二十四日，六歲時入鄉校，讀儒家諸經典；八歲時慈父見背，十二歲時又喪萱堂，遂有族中叔伯扶養訓育。

萬曆三十四年，十四歲時，依三寶寺的慧山老師剃度出家，研習教義。十五歲時，隨從慧山移住福州華林寺。十六歲與道友青林朝暮為參學而憂愁，盤桓不已；有一天，登鼓山訪名勝，至喝水巖，信口占得一詩，有自得處。十八歲時，與道友青林一起往浙東、江西等地參訪名僧湛然圓澄等，受其鉗鎚。費隱又往來於江淮、廬山諸道場行腳，參訪尊宿。

他曾隨著湛然和尚到各處參加湛然的各種開法以及講經，聽講了《涅槃經》、《楞嚴經》、《華嚴經》等；在雲門山（浙江省紹興府會稽縣）的講宴時，曾受湛然圓澄之命代講，可見湛然深知費隱之器量。又聽當時的教門高僧所講的《唯識論》等，在教理方面有很大的建樹，並曾受熏陶於憨山德清等一代名僧。二十四歲受具。萬曆四十七年，二十七歲時撰述《般若心經斲輪解》，請益湛然，往來詰難辯駁，湛然言其「尚未得力」，於是再行腳遠出尋訪參究。

天啟二年（一六二二）二十九歲時，僧慧輪持來密雲的《龍池語錄》以及《頌古》，一讀驚歎不已，遂確定密雲才是自己了脫生死大事之師。同年秋，密雲由江蘇龍池山禹門禪院往天台通玄寺陞座，途中遇雷雨，遂於吼山護生庵歇腳，恰好費隱亦於雨中入室。初相見密雲禪師，便高聲問密雲「覿面相提之事如何？」時五十六歲的密雲，七下重杖；費隱得喫七下痛棒而不怯，最後奪取密雲拄杖，返打密雲，並厲聲大叫「勘破了也！」於是一宿雲門而歸去。費隱自此悟徹心源，乃成師資證契。

翌年，往浙江姚江（寧波餘姚）的陳賢嶺上閉關，焚卻以前所作《金剛合論》、《頌古水鹽集》等文稿，新撰《祖庭鉗鎚錄》一卷以及《頌古》一卷，寫好〈感密和尚法乳之恩〉往天台通玄寺奉呈密雲，以示自己之見處與悟境，已非昔時可比，深得密雲之暗許。

天啟五年（一六二五），費隱往茶洋山（福建南平府東南，閩江東岸）幽棲三年，以養聖胎；後更移居鼓山別峰庵隱棲三載。其間著述《辨謬論》一卷，《禪門金錍》一書；前者是涉及密雲與法子漢月法藏關於「曹源傳燈系譜」之諍的論文，後者是針對無異元來所著《信地說禪門警後》之論作。

崇禎二年（一六二九），費隱在別峰庵，得密雲請其出任金粟山廣慧禪寺西堂之職，堅辭而入侍司寮，隨侍密雲。翌年，受福清緇素之請，轉意邀請密雲往黃檗山住持，是年冬受西堂之職。

於崇禎四年七月望日，三十八歲時在故鄉黃檗山中得住持密雲嗣書，又親承密雲所持拂子與傳法袈裟，乃為臨濟正宗楊岐派第三十一世。崇禎六年，四十歲時，因密雲歸金粟，於十月十五日，應眾人推出，繼密雲之後席，轉法輪於黃檗山萬福禪寺，時西堂職為隱元。

黃檗山入院三年，即崇禎九年（一六三六），辭去住持，往建寧（福建西部，接鄰江西）邵武縣西南的地藏院領眾結夏安居；同年秋，又往建寧的建安蓮峰院陞座，與當地名紳劉雲子以及李猶龍等交往。年中著述《原道闢邪》一卷，以破當時活躍此地一帶的天主教教義。

崇禎十年春，往寧波天童山，受密雲之請，為山中第一座，時常代師上堂示眾開示說法。同年秋，受溫州的緇素懇請，往彼處法通寺，中秋之日進院陞座；其間，愛徒隱元在福清黃檗山出任住持。崇禎十五年（一六四二）七月七日，師父密雲在通玄寺遷化，法弟林野通奇繼席通玄寺。同年十一月，法弟山翁木陳與石奇通雲上金粟山延請費隱繼席天童，堅辭不允。

翌年二月，木陳在天童山主法為密雲靈骨入塔，並繼席密雲為住持。費隱因法度問題而心生不快，於此兄弟之間產生不和；不過，數年後關係得到了一定的修復。在這一年，費隱受請密雲的故巢龍池山禹門禪院，又推辭不受，法弟萬如通微（一五九四至一六五七年）被推舉入山。費隱在金粟寺建密雲衣鉢塔，以報瀉瓶法乳之恩。

順治三年（一六四六）丙戌十月十一日，五十三歲時，受明州韋太守同郡縉紳以及天童僧眾之書簡之懇請，一度固辭，復受拜請；於是，繼木陳道忞後，十月十一日入住寧波天童山景德禪寺。住山三年間，於法堂懸掛密雲頂相，每晨鳴鼓率眾禮敬。住持其間，因古天童的宏智禪師塔院的失修而募資修復，又重修了「東谷祖師像」（又稱「東谷十尊師像」），更修治幻智庵（《密雲塔院》）、普同塔院以及塑造山門四天王像。

順治四年，金粟山虛席，大眾請歸，一時以慰眾而上山說法，旋歸天童。

順治五年，新建密雲《塔銘》以及《道行》二碑。順治六年，重建宏智正覺祖師塔院以及雲外雲岫禪師塔等；同年秋九月，往受請住持浙江崇德福嚴寺以及江蘇雲間松江超果寺，按《費隱禪師語錄．卷六》記載，是年十月十七日入超果寺，於翌年春退院。順治七年（一六五〇）十一月二十七日，五十七歲時，轉住禪宗五山第一的餘杭徑山興聖萬壽禪寺。

徑山留錫第三年的順治十一年（一六五四）春，著《解惑篇并答》，同年十二月辭去徑山住持之位。順治十二年（一六五五）二月二十四日，六十二歲時移錫常熟虞山維摩院。這一年，法嗣隱元一行受日本長崎興福寺僧逸然等之請而東渡；五月，費隱寄書於隱元。順治十三年（一六五六）五月，又受吳門縉紳內翰沈公子美以及沈公繹堂、陸公甲傍等之請，住持蘇州堯峰興福院，九月一日入山。順治十四年（一六五七）立夏，六十四歲，又主席嘉興福嚴禪寺。順治十八年（一六六一）三月二十九日，於福嚴寺中示寂，世壽六十八（虛歲六十九），法臘四十四。

同年十月，黃檗山天柱峰麓建塔，傳法弟子有隱元隆琦、亙信行彌、百癡行元、行密、巢庵行定、孤雲行鑑、古淵行成、本充行盛、行璣等六十四人，在家居士弟子王谷、嚴大參、李中梓、嚴行達、徐昌治以及董行證等蒙其教誨。

主要遺著有《費隱禪師語錄》兩種，一為十卷本，由隱元隆琦與行璣等編；刊行於費隱在世時的崇禎十二年（一六三九）。二為十四卷本，隱元隆琦等編，刊行於崇禎十六年（一六四三）。卷後附有門人資福等編的《紀年錄》，還載有在家弟子唐世濟所撰的序文。《費隱禪師別集》十八卷，門人行璣、隆琦等編錄，刊行於清順治四年（一六四七）。

另有《費隱容和尚行狀》一卷，由水鑑慧海撰，原宗編，於康熙十五年（一六七六）刊刻。還有《費隱容禪師紀年錄》，由資福、行觀等編，刊行於日本寬文十二年（一六七二），這是較為簡明的本子。而比較詳盡的，是以費隱的編年體而編錄的《徑山費隱容禪師紀年錄》（或稱《徑山費隱和尚紀年錄》），由門人達編輯，並由在家弟子徐昌治、董行證對校後刊行的本子。

禪風猛烈、氣勢恢宏

費隱的禪風峻烈，繼承密雲的臨濟棒喝宗風，並有超師之勇健。關於費隱通容的性格，門下俗弟子烏程唐世濟在崇禎十六年春所題寫之《費隱禪師語錄》中的〈金粟費大師語錄序〉記道：

> 列剎相望，而遡厥亨衢，實自天童老人辟之。老人有堅剛之骨，荷擔斯道；重以德業純備，故龍象闐駢，得人為最。出其門者，縱橫展演，各不相襲，各自建立法幢；而金粟費大師，尤為烜赫。大師說法利生十有餘年，每垂片語，皆足為人解粘釋縛。（中略）蓋純拈向上，流自胸襟，決不肯以一滴惡水塗汙學人；即有時鉗鎚所被，如奔流、度刃、電激、雷訇，凜乎可畏。

由此可見，費隱繼密雲之後，宗風猛烈，灑脫自在。另一在家弟子王谷在《費隱禪師別集．卷一》的〈祖庭解鉗鎚錄序〉中也評述說：

費隱禪師，為人縱橫。殺奪純用此味，如宿將登壇，指揮之間，威加萬里。（中略）奕奕逼人，如李光弼代郭子儀，於朔方營壘，士卒麾幟無所更，而一號令之，氣色鮮明。云禪人謂之韜鈐，信不誣也。

還有一在家弟子吳岱在《費隱禪師別集．總序》中同樣評論道：

木陳欺老人，則說妄付則擊，示榜法堂，啟告同門，和尚豈好辯哉？夫兵，凶器也，不得已而用之。攻其瑕，堅祖道之垣牆；誅其逆，尊師門之模範。設我和尚而亦修唯諾，表無諍，也安得濟道？日月重光，江河共沛，永靖法地狼煙，我國晏然千秋哉！

王、吳兩人先師事密雲、後請益費隱，都評說費隱之禪風如大將用兵，收放自在，氣勢恢宏，而依法而不依人，秉性剛直無私，辦事雷厲風行。

費隱禪風之猛烈，如上所言。隱元先在金粟山密雲會下有悟道因緣，只是未傳衣鉢而已；後在費隱處再度參究祖旨，機緣純熟，乃得祖道如瀉瓶無遺，嫡嫡師資相承。關於隱元與師費隱的箭鋒相拄、往來酬答的情狀，按《年譜》上「崇禎六年癸酉條」有記如下：

師四十二歲，是年冬，本山請馬峰費和尚繼席。命師為西堂，師辭不得。師因問：打著昔時舊痛處，於今猶恨棒頭輕，請和尚末後一頓。

和尚打云：舊瘡瘢上著艾。

進云：恁麼則徹骨徹髓去也？

和尚云：如何是汝徹底意？

進云：時清休，唱太平歌。

和尚云：祇引得一半。

師即禮退。

一日，諸禪侶頌百丈再參馬祖一喝三日耳聾，黃檗聞之，不覺吐舌因緣。師覽之，俱覺未妥，亦頌云：一聲荼毒聞皆喪，遍埜骷髏沒處藏。三寸舌伸安國劍，千秋凜凜白如霜。呈上和尚，即圈出，貼在法堂示眾。陞座云：我有一枝拂子，是從上用不盡的。顧師云：汝作麼生奉持？師喝云：放下著！和尚云：再道看！師喝便出，到方丈。和尚下座，進方丈。禮拜云：適纔觸忤和尚。和尚舉拂云：汝且將去行持。師接著便打一拂。和尚云：將為報恩那。師又打一拂，便歸寮。

以上這段文字可以看出，隱元在黃檗山任西堂之職，與費隱和尚酬答往來，從敗蹶到互角，最後顯出超師一著，令費隱吐出三寸紅蓮。禪門師資相合，本來投機而不投分；到此時節，瓜熟自然蒂落，再無許多葛藤之事。忠孝之子出於重棒之下，真獅子兒出於大象之徑，大死大活一場，自在了事，不受後有，方顯得衲子本色。

費隱在方丈授予拂子，已表祖道付囑之意，但等費隱而後寫出佛祖嫡傳的正法眼藏之法脈書卷。後來，孝廉王谷在《隱元禪師語錄．序》中對此贊許云：

> 隱元禪師首入費老人之室，覿體承當，全身擔荷，掃去支離。絕無依倚，室中得入，師為翹楚。

按《年譜》等史料所記，隱元在翌年二月辭去黃檗西堂一職，仍回獅巖隱棲。崇禎八年，隱元四十四歲，幽居養性於獅巖，時有當地龔居士來問道，共論儒佛一貫之旨。隱元的儒佛一致思想應源自唐宋；到了明代，社會更加重視程朱之學，佛教界內也普遍研讀儒家典籍，所以隱元的這一思想在當時亦普遍為世人所接受。雖然儒佛的教法有殊，而宗旨本無差別，乃是當時的一種共識。在為當地夏居士上堂語中也道出，儒佛二教皆聖人方便教人善法之旨，教有深入淺出、其理以一貫之的見解。

隱元雖在幽谷隱棲，但是道譽已為四方仰重。到了崇禎九年，隱元四十五歲，得費隱派專使者送來祖門源流法卷與法衣等。在《年譜》記云：

又一夕，夢一老人，長眉皓首，荷甑負囊而入。師云：老老大大負累若此，不亦勞乎？彼即放下行囊，出書幅單條並所負之物，見贈而去。醒語侍者玄生，生云：斯乃吉夢，必有徵應。不踰月，果法通。專使送大衣、源流兼書一封，以表法信。師之道化，往往徵兆如此。

在隱元的傳記資料中，隱元的出家乃至得法等重要事項，均有靈夢預告。可見，夢有真夢、幻夢；隱元乃宿植德本，大凡祖師，皆有預言以及徵兆，這也是耐人尋味之處。作為宗教而言，夢示預知是極為神奇而不可思議之事，也是祖師大德聖意澄淨、一心修煉後的精神性象徵吧！世界所有宗教都有類似的神祕記錄與傳奇事蹟。

第四章　得法後兩次住持黃檗山

瑞同檀信等念黃檗為列祖之席，不可空懸，請隱元禪師以繼其位。未期年，衲履盈室，大振臨濟之風，中興黃檗之道。師之功，於前此殆有加矣。

初次住持黃檗山

前面說到，隱元在崇禎九年於獅巖精修時，收到費隱派專使賫來祖衣以及曹溪源流（法卷）等印信之物。到了崇禎十年（一六三七），隱元四十六歲，因費隱退出住持之位，黃檗山班首職事以及檀那等人便延請隱元繼席黃檗道場。

按《年譜》中所記：

是夏五月，黃檗耆宿同侍御心弘林公等請師接席當山，師卻之。而請益堅，遂應。

先是巖側有塊石如舟，遊客每以不平為嘆。師云：時節若至，自然平矣。一夕跏趺石上，持咒默祝龍天，此去黃檗法道果行，此石可平！端坐炷香，歸室。次早侍僧報云：奇哉！石已平矣。師云：不必說吾祝已徵。因名曰自平石，作銘記之。遂於十月初一日入院，遠近雲衲望風而至，無慮數千指。即日開堂，拈香以酬法乳。

時密和尚據天童，費和尚董法通，師主黃檗，三代同時唱道，稱法門盛事。延法弟亙和尚居第一座，策勵衲子。題當寺開山正幹洎斷際、嬾安、鴻休、月輪、大休諸禪德贊。

又在嗣法弟子海寧編的《隱元禪師語錄·卷第一·住福建福州府福清縣黃

檗山萬福禪寺語錄》文首中記道：

崇禎十年五月十四日侍御林公（林汝翥）同鄉紳林宗賑、林朝龍、文學林景台、林守穩、林伯春、林正立、夏春暉、龔士龍、吳承啟、林茂輝、林士龍、林鼎新、林茂枝、林廷棟等暨僧俗，請師住黃檗山萬福禪寺，於十月初一日入院。

隱元由當地名士——其中大半是福清的同宗林氏為主的護持者——以及山內僧眾請出，於十月初一主席黃檗山萬福禪寺。此時，密雲在明州天童，費隱在溫州法通，祖孫三代同時在東南之地大轉法輪，堪稱當時法門一大盛事。

同上《語錄》中，記錄了隱元出世開法初住黃檗山的入山門、佛殿、伽藍堂、祖師堂、方丈以及法堂內陞座法語，其文如下：

至山門云：從上已來，閑門破戶一時八字打開了也。且道關棙子在甚麼處？喝一喝，便入。佛殿云：巍巍堂堂，坐斷十方，正當與麼時，好與三十拄杖。

何故不見道？

斫卻月中桂，清光應更多。伽藍堂云：城塹三寶，即不無重振家風，如何著力？舉香云：一番提起一番新。祖師堂云：西天四七，眼橫鼻直；東土二三，寐語喃喃，惑亂天下人無了時，今日不肖兒孫，活捉將來，一爐燒卻。方丈云：掩室杜口，狼藉不少。古今天下老和尚，潑天潑地，蝦跳不出斗。琦上座到這裡，又作麼生？驀拈拄杖畫一畫云：破也，破也！擲下拄杖云：放出一隊老古錐，未證據者看！看！

即日，眾請上堂，師至座前，拈侍御心弘林公請啟云：只者箇爍破重關徹法源底，逼得山僧無藏隱處。今日不免對眾舉揚，煩維那宣讀。畢指法座云：寶華王座，流露真宗，我今更踏向上一著，千聖俱立下風。遂陞告香云：者一瓣香，爇向爐中，端為祝延今上皇帝聖壽萬安，伏願龍圖鞏固，鳳曆長春；齊壽考於芥子之城，扇真風於拂石之劫。者一瓣香，奉為滿朝文武功勳暨及郡縣尊官，伏願祿位高遷，德風遠播。者一瓣香，奉為本山大檀越并外護諸居士，伏願同明般若之正因，公證金剛之固體。者一瓣香，大眾會麼？昔年在這裡落節，今日向這裡拔本，爇向爐中，專為現住浙江溫州府永嘉縣法通禪寺傳曹溪正脈三十五世費隱容和尚，用酬法乳之恩。遂斂衣就座。

上首白椎云：法宴龍象眾，當觀第一義。師云：第一義諦，三世諸佛無著眼處，汝等諸人作麼生觀，試出踍跳看！

僧禮拜師云：敕點飛龍馬，跛鱉出頭來，問祇園繇來古法席至於今，請問和尚還有亙古亙今底麼？師云：坐斷乾坤。僧禮拜，師便打。

問：黃檗家風舊，今朝令轉新，如何是新令句？師豎拂子云：會麼？僧喝。師云：再喝看。僧又喝。師便打。

問：陽春初臨，法席三開，和尚即今將甚麼示眾？師拈拂子左一拂，進云：者個便是和尚為人處麼？師右一拂。僧禮拜云：謝和尚指示。師云：指示個甚麼？僧一喝。師云：且喜沒干涉！

問：言前薦得屈辱宗風，句後承當埋沒家寶，正當與麼時，教學人向甚麼處摸索？師云：鐵牛橫古路。進云：不是特來呈舊面，隨流一句事如何？師擲拂子。進云：好女不著嫁時衣，便轉身。師便打。乃云：棒頭未點，遍界全彰，鼻孔下垂，通身布露，脫體承當，得去直下，頓超佛祖，脫若未能，山僧第二杓惡水潑汝諸人去也。

豎拂子云：向者裡撥一線道，不妨輝天鑒地，耀古騰今，這邊那畔，七通八達，便能運大鉗鎚，施大機用，摟碎佛祖頂顆，掀翻衲僧巴鼻。有時孤峰頂上獨立，有時百草頭邊踔跳，在此非此，於彼非彼，一道平懷，泯然無寄。蕩蕩廓周沙界，歷歷遍滿十虛。正當與時，共樂昇平，如何話會？野老不知堯舜力，鼕鼕打鼓祭江神。

復舉二祖阿難問迦葉云：世尊傳金襴外，復傳何物？迦葉召阿難，阿難應諾。

迦葉云：倒卻門前剎竿著，阿難有省。師云：迦葉盡力提攜，只倒箇門前剎竿，若何眾兄弟個個倒卻門前剎竿。然放倒且易，扶起猶難，還有扶起者麼？若無，山僧自扶去也。卓拄杖云：扶起倒剎竿，不用纖毫力；依舊豎門前，千古明歷歷。卓拄杖，下座。

以上是《語錄》中所記錄的整個陞座說法場面與內容。黃檗山的出世初轉法輪，對隱元的一生而言，是極為重要的里程碑。隱元在法堂燒香祝禱：當今皇帝帝道遐昌，龍圖鞏固，鳳曆長春以及滿朝文武和郡縣尊官祿位高遷，德風遠播云云，孰不知七年後，卻是崇禎自縊，明朝傾覆，江山易色！當然，崇禎十年，明朝已經是危如風前之殘燭，氣數將盡。

當然，這是中國禪林自宋代五山十剎官寺制度以來的儀規法式；自辛亥取消帝制之後，中國佛寺殿堂中央高豎之為當今皇帝陛下祝禱云云的金字牌位早無影跡，如今將之改為世界和平、國泰民安之類的言辭。不過，日本還有天皇，依中國禪林古制，依舊蹈襲自今。重要的是，為自已得法的宗師燒香很重要；一者向大眾言明自己的宗門法脈相承之正續，二者彰顯法門將行宗旨與家風。因此名之「報恩香」，以酬法乳深恩。

接下來，便是兩班出列賓主問答，以探試法門新主的道法之高下與道力之深淺。從上文中可見黃檗山內龍象滿堂，出班法戰如龍騰虎躍，賓主問答如電光雷鳴相似。現今，中國寺院的陞座雖有入山門大殿等的拈香法語，但在最重要的法堂之上陞座時已無這種法戰式的禪語問答了。日本禪林雖還遺留這此儀式，卻大多已流於形式了。

當然，新住持入院之後，還有立知事頭首、開爐結制、諸時節（冬至、臘八等）上堂示眾以及授戒說戒等法門重要說法開示以及行持的內容，於此且略不提。

隱元在故鄉黃檗山出家之初，便發心勵精圖治，欲使破落不堪的祖庭得以光復重興；雖然精進不懈，但是始終未能如願以償。上文提過，在出家的第二年，即天啟元年曾奉常住之命北上募化；結果因當時北方局勢不穩，遂裹足於江南，參訪諸方尊宿。後於崇禎三年（一六三〇），密雲來住持黃檗山時，又領命往閩南以及廣東諸地募化，也無所收穫，空手還鄉。

這次輪到自己主席黃檗古寺，隱元下定決心要圓成莊嚴道場的悲願，以圓滿自三世祖中天圓公和尚等以來諸大德之未竟事業。在《年譜》「崇禎十一年（一六三八）春日」條中有記：「師平時每語先人請藏艱辛之故，未嘗不惻然哽咽」云云。至崇禎十二年（一六三九）春，隱元派遣寺僧，出山募捐修建道場之淨財。在《年譜》中記曰：

> 師四十八歲，欲重興殿宇，是春送化士。上堂云：龍樓寶閣半傾欹，搖曳雲中能幾時？特地掀翻重興建，大家出手要撐持。急著力，莫遲疑，事難方表丈夫兒。拈來莖草，不是苦心人不知。呈拄杖云：蓋覆乾坤只這個，頂天立

地更有誰？

觀隱元第一次住持黃檗山，可謂備嘗艱辛，終使破落日久的古剎煥然一新。在永曆《黃檗山寺志》中有隱元祖孫三代光復祖庭的相關記載：

崇禎己巳，玄孫隆宓、隆瑞等復構二客堂於殿之左右。已而念祖庭秋晚，正道無聞，必有弘法開堂者，庶不失古今標格。以是謀諸檀越外護，敦請金粟密雲禪師主席。

庚午春飛錫南來，全提向上之機，直指當人本旨，黃檗宗風於斯始振。未幾，而返金粟。

癸酉冬，宓、瑞復同外護龔居士等恭請費隱禪師住持。恢張祖道，永為十方禪剎。衲子無遠近，望風率至。

丙子夏，師應建寧蓮峰之請。瑞同檀信等念黃檗為列祖之席，不可空懸，請隱元禪師以繼其位。未期年，衲履盈室，大振臨濟之風，中興黃檗之道。師之功，於前此殆有加矣。
庚辰春，拆月臺，重建大殿於舊址。以舊殿仍為法堂，移藏閣於西廊之後，構齋堂於雲廚之前。辛巳建鐘鼓樓、山門、雲廚、庫房，并諸寮舍，一一咸備。凡所作法，遵依祖制，成大禪剎。入斯門者，莫不皈依。
甲申春，師有天童掃塔之行，寺事請羅山亘禪師主之。是冬，構左右兩廊於殿之前，奉祀伽藍祖師。
丙戌春，亘公同諸檀信，仍接師回山。
時適世界紛紛，僧俗戚戚。幸祖道如故，大教不祧。親領大乘同悟禪宗者，不下數十人。所謂長安甚鬧，我國晏然，誠不虛矣。

由上文可知，隱元繼先賢之餘烈，發奮重振道場，住持八年，黃檗山頭儼然呈現一大叢林巨剎。據南明永曆五年（一六五一）所編修的《黃檗山寺志》所記載，隱元住山之時，所重修以及增添的堂宇樓閣亭室等有：天王殿、方丈、伽藍殿、祖師殿、大雄寶殿、法堂、禪堂、學事堂、雲水堂、應供堂；藏閣、鐘鼓樓、刷印樓、庫司樓、東廊、西廊；首座寮、西堂寮、書記寮、知客寮、化主寮、典座寮、雜務寮、什物寮、行堂寮；米房、碓房、茶房、小菜房、圓房、田房、圃房、浴房、直牲房、牛房；三門、紀遊亭、茶亭、作霖亭；獅子庵、翠竹庵、梅福庵、萬松庵、白馬庵、水月庵、三官庵、絳節庵、紫微庵等，寺內建築物合計近四十座，各個山峰內建塔頭寺庵共九座。由此可見，隱元為重興黃檗祖山之功勳卓著。

除了重興建築物之外，另一個方面是在隱元住持期間，雲衲與外護在家居士的人數與日俱增。在住持黃檗山初期，寺僧大約三百人至五百人左右，當然這也不算少了。在嗣法門人弘宣編的《隱元禪師語錄・卷第十三・詩偈》中錄有一首〈化齋糧〉詩為證：

頑徒三五百，乾爆一條腸。開口吞餘國，虛心斂大方。

問禪都不會，噇飽過時光。可有同風者，吹來到福唐。

但是，到了南明永曆五年（一六五一）時，每逢法會，山中緇素者常聚千餘人。在《年譜》「永曆辛卯」條中，為慶祝隱元六十花甲大壽時，海眾雲集，有記云：

是年誕日，緇素萬指圍繞，立慧門沛、木庵瑫二座元，虛白願、即非一二西堂。兩堂下喝之風，儼然猶在。上堂云：滴水福滄海，點塵壽泰山；豁開正法眼，萬古剎那間。

可見，經隱元在黃檗山的道化，譽傳遐邇，在黃檗山千餘年的歷史上，可以說是前無古人、後無來者的盛況。

然而，筆者當年曾造訪黃檗山，寺院的大殿等正在重建之中，寺僧大概只有十數人而已；不知是民國時期衰敗的，或是文革中摧毀的。據僧言，黃檗於清末民初已經大顯衰相；後經文革浩劫，更是巢傾卵覆，一片荒蕪蕭條之狀。

近年，因經濟得以發展，緇素同心，方有寺院重建之兆。殿堂再現，數年可期，自然足可慰藉隱元等祖師之悲懷；但要想打造出像木庵、即非這樣的錚錚鐵漢，再現黃檗山中滿堂龍象的氣象，則談何容易啊！古人云「百年樹人」，乃斯義也。

其實，能否劫後重生，枯木逢春，這一切無非是因緣際會；若按佛之正、像、末三期而言，成住壞空、盛衰榮枯乃是世間無常之常相，何足堪憂？

除了硬體的建設外，隨著當時寺院規模的擴建以及僧眾人數的增加，寺院的費用也水漲船高；尤其，要填飽近八百或千人的腸胃，實非易事。有道是如食輪得轉，方得法輪常轉。隱元的當務之急，自然是要發展寺院的經濟；若完全依靠當地外護檀越施供，已遠遠不足。於是，在隱元住持期間，最要緊的事就是要增加寺田，以備僧糧無匱；衣食無憂，乃能安眾辦道。

關於寺田增加的部分，在崇禎《黃檗寺志．卷一》中記載寺領田園地業如下：

田，界內田，據傳十二峰內所有田地，俱屬寺業。以嘉靖倭燹僧散，被民間請受。

鄭渚田，在蘇溪里漁浦之南，濱地也。唐天寶中嘗為田，後廢；至宋天禧元年，僧履元重堤之。長二百二十丈，址廣三丈，高一丈二尺，陡門八十四間，望若長坂焉。

今稍壞，亦屬民間。寺前田，自寺左右舊址，至摭仔里，計二十四畝，以萬曆間草創後，僧中天經官贖回；熨斗田，計十畝，坐佛座峰下，即臥雲庵左右也，有園地六畝附焉；黎洋田，計十畝，土名大潭口；南洋橫洋田，計九畝七分；陳白洋田，計八畝；宅角田，計三十一畝零，土名長丘等處。園，桑池園，下棋壟之西，原有池園，今成浦地，上有祖塔三座。

由上可知，截至崇禎十年（一六三七），據《黃檗寺志》所載，寺院所屬田園不過近百畝而已。由於嘉靖年間的倭亂兵燹，寺院田產，流失民間，這導致寺院與當地山民土地之紛爭；上文所提及「山民侵凌」云云，應指斯事。

到了隱元住持期間，寺院田產方大有增加。究其原因，筆者以為應有三：一是黃檗寺院經數代努力，已經得到朝廷與地方的支持；二是隱元是本鄉出身，與當地山民等在語言等方面都容易溝通與調和；三是隱元二次住持黃檗山，前後有十七年之久，可以悉心成就復興大業。據永曆所編《黃檗山寺志．卷二》所記載寺院所領莊園田地有：

莊：南陽莊，在香爐前百餘武，與鰲江林田舍共焉，以中廳為界，寺居右邊，兩房一偏，外護小屋一列。又，北邊另一座兩偏，左右前後計田一百六十餘畝，監收僧良主之，調眾有法，不失農時，雖歉歲亦有收焉。這一段田地，分付來多少時也。把柄在手，任渠反覆。所謂：栽田博飯尋常事，不是飽參人不知。何洋莊，在獅子峰外，土名何厝洋，今廢為民居。

塢：桃花塢，去寺二里許，即在往龍潭路溪邊是也，今廢。

田：界內田，據傳十二峰內外所有田地，俱屬寺業。以嘉靖倭㹻僧散不還，近民請受，租稅久假不歸，惜哉。寺前田，自寺前舊址，至摭仔里鐵灶，共計二十四畝。隆慶間，僧中天於民間贖回。又，大橋外軍民田八畝零，己丑年贖回。熨斗田，計十畝，坐佛座峰，左右兩坑。黎洋田，計十畝，土名大潭口等處。南洋田，計壹六十於畝。黎灣洋田，計五十六畝。牛隊洋田，計三十畝餘。東滿洋田，計一十三畝。陳白洋田，計四十五畝。鄭渚田，在蘇溪里漁浦南，濱地也，唐天寶中嘗為田，後廢；至宋天禧元年，僧履元重堤之，長二百二十丈，址廣三丈，高一丈二尺，陡門八十四間，望若長坂焉，近稍壞，亦屬民間。

園：桑池園，下棋壟西，原有池園，今為浦地，現存有祖塔三座，已受塔禁，未丈地五畝，東至下棋壟，西連寺龍臂，南至田，北連水梘坑前，里長陳大綏冊據。熨斗園，計六畝，在報恩塔前。塔頭畬園，計五畝。鐵爐墩園，計四畝。三官壟園，計五畝。

由上記內容可知，到了隱元住持的時候，寺院的田地已增加到四百餘畝，是以前的四倍。在後來重修的《普照國師年譜》「順治十年癸巳」條中記曰：

師自丁丑冬主席當山，前後凡十七年，共置田四百餘畝。時值歲艱，眾賴以安。山鄰每於寺為難者，師亦憫之，每給衣食以濟，可謂以德報怨，冤親一體，益見師仁慈廣大云。

在當時兵戈四起，民不聊生的狀況之下，隱元在黃檗山中領眾辦道，置田安眾，實為不易，而且隱元還不懈努力改善與久已結怨的山民和解，並送衣食救濟，使得內外安穩無事，足見隱元的胸襟之寬廣。

隱元的道化，得到緇素的信賴與愛戴。永曆八年甲午（一六五四）隱元東渡後，外護居士皈依弟子林繼京在翌年、即日本明曆元年乙未（一六五五）秋所撰寫的《隱元大師語錄序》中，在回顧隱元在故國弘化的業績時有如下記述：

> 隱和尚，傳臨濟三十二世之正脈，為徑山費和尚之嫡嗣，立德、立功、立言，至矣！備矣！茂年參訪，聲實籍於江湖；晚歸黃檗，開宗二十餘載，宣揚正法，四來慕道，雲集數萬餘指。嗣法得人，不濫許可，能起臨濟中興之道，非師而誰歟？茲因華適甲申之變，人咸擬以檗山必至惄然待哺，而四方檀信，不憚間關齎糧，絡繹於途以相資，可知師之功之德，詎可思議也哉！

由此可見，隱元在當時禪林中的道譽之隆、聲望之高。而仙遊名士唐顯悅在〈隱元禪師雲濤集序〉中贊道：「黃檗隱元和尚，今之斷際也。中秋遊我仙邑，從遊如雲，瞻禮如嶽。」文中稱讚隱元為「今之斷際」，以表明檗山自唐代希運禪師以來名垂於世，及至隱元則大興此宗於福唐，千古為之標榜。

崇禎自縊，明朝傾亡

隱元第一次住持從崇禎十年（一六三七，四十六歲）五月到崇禎十七年（一六四四，清順治元年，五十三歲）的三月為止，共七年。崇禎十七年甲申三月十九日（陽曆四月二十五日），因李自成的大順軍攻入北京城，明毅宗在北京城外的煤山自縊殉國，明朝實際上可說已經滅亡。這是一件震撼九州的歷史大事，對恪守仁義忠孝思想的隱元來說，身心上的沖擊自然也甚大。據《年譜》等資料所記載，是年三月（應是甲申之變後），隱元辭去住持，離開黃檗，北上越地嘉興省覲費隱和尚，其內容如下：

三月，請同門亙和尚住黃檗，往金粟省覲費和尚。擢居前堂首座，特為立僧上堂，略云：搶旗奪鼓，拆角衝鋒，須是宿將登壇，纔能捉敗從上老古錐。掀天關，翻地軸，開發西來命脈，展托衲僧巴鼻，誠為人天眼目，照明於世。只如今日人天交接一句，作麼生道？獅子窟中獅子吼，栴檀林裡現栴檀。時座下四方騰踏之士，川委師秉拂，一聞提唱，靡不服膺。五月造天童掃密雲老和尚塔，述偈志感。同客卿張廣文謁心韋徐侍御，為密和尚求塔銘。十月，崇德邑侯解學周同鄉紳銓部錢元慤、方伯顧玄鏡、儀部閔及申等，請住福嚴寺。是月十七日進院。

由上文可知，「甲申之變」後，隱元讓住持位給法弟當山首座亙和尚，然後飄然北上越地嘉興府金粟山廣慧禪寺，參見得法恩師費隱通容和尚，並奉命在山中代師上堂說法。五月前往明州天童山，為師翁密雲圓悟禪師掃塔；圓悟滅度於崇禎十五年（一六四二）七月七日，正值兩周年的法忌。此時，天童山住持是法叔木陳道忞禪師。

隱元離山北上、參師祭祖的動機，應該與明亡的國難有相應關係。雖然此時清兵的鐵蹄尚未及南下，但是江南地區的局勢已經極為緊張，人心惶惶，皆聞清兵鐵騎將逼近南方。隱元也許是藉此打採時局，並與師費隱商議如何面對國難、如何把持法門等要事。當然，自師翁密雲圓寂後，隱元因在黃檗主席，法務繁忙，所以未能前往禮塔；值此北上，也可了卻一樁宿願。

隱元出山才過半年，十月，應嘉興府西南的崇德縣（今桐鄉市崇德鎮）費隱先前住持過的福嚴禪寺四眾之請，而進院住持，說法度人。按《年譜》上所記，隱元在寺過一冬，到翌年上元日解制後便辭歸；當時有御史曹谷請師轉住棲真寺，隱元固辭未就。在二月回閩，到福州東郊掃瑞天祖塔。路經神光、南禪、天寧諸剎，受請上堂說法。時至三月，大贊國馬公、大虞卿劉公，同春元林正昇、陳天錫、陳光震、文學李光祖暨僧印虛等請隱元住持長樂龍泉禪寺；隱元因龍泉寺是遠祖唐代百丈懷海的出家道場，於是允諾，於三月二十二日入院。

這時期是社會最動盪不安的歲月。自崇禎殉國之後，明將吳三桂引清兵入關，李自成的大順政權很快被清兵擊潰而消滅。明國諸王在南方相繼被明軍殘部以及闖王餘部等擁立，上文已述。因此，後來在隱元的年譜編寫上，有用南明諸王、如弘光或隆武年號的版本，也有用大清順治的版本。可見，地處南地的黃檗山，由於當時還沒有落到清王朝治下，所以尚可使用南明政權的年號；到了清兵征服南地，便改用大清皇帝的廟號與皇曆。

當然，作為隱元以及門人等有著比較強烈的遺民思想，主觀上排斥異族的統治也是自然的。隱元到了晚年，毅然受請東渡，也反映出他這種在皇統以及民族歸屬性的趨向意志；更何況，他是搭乘了反清名將鄭成功的水軍船舶離開故土的。

甲申之變，對中國乃至整個東亞諸國的局勢，即在政治、外交、軍事、文化歸屬等諸多方面，都產生了巨大的變化與影響；這種影響，即便在三百年後的清末民初，依舊藕斷絲連、意猶未盡！對於崇禎的殉節，依舊成為漢人「驅除韃虜，恢復中華」的革命悲願之源泉；明亡以後的遺民思想底流，繼南宋覆滅之後，殘留在漢民族的血肉與骨髓之中。

但是蒙元統治不足百年，而滿清則統治了近三百年，這種遺民悲緒一直深深地壓抑著像朱舜水等那樣的士林文人，以及如隱元等那樣的高僧大德的精神世界深處。有所謂「厓山之後無中國，明朝之後無華夏」的說法，同時也引發了東亞諸國的文化運動與新宗教思潮，如日本與朝鮮等國的「小中華」（儒教為正統思想與道德倫理觀念）意識也隨之萌生與展開。

特別是以明朝為宗主國的朝鮮王朝，在明亡之後，拒絕使用大清順治的年號，而繼續尊用崇禎的年號。在崇禎十七年朱由檢自縊殉難後，中國已不復用此年號，但是朝鮮則以「崇禎後某年某月某日」來紀年；可見朝鮮王朝以及官僚士族對明朝正統地位的尊崇，以及對舊宗主文化上的眷戀之念。

當然，滿清入主中原後，為了其政權的鞏固以及國家的長治久安，其本身也隨著早期的武力鎮壓、思想文化的禁斷之後，漸漸融合以儒家為正統的漢人政治制度與思想以及傳統文化，而確立了滿清繼大明後，在東亞乃至世界的大國地位、還有以大陸為中心的宗藩體制。

而宋末元初的蘭溪道隆、無學祖元、一山一寧等，乃至明末清初的隱元與心越等的東渡，正是契合了當時東亞於這種非常時期中的政治局勢以及思想脈搏、意識形態和文化背景之動向與轉機，只不過是以佛教（禪宗）這種宗教內容與形式來加以體現而已。

第二次住持黃檗山

當然，短時期的北上，以及在短暫的浙江閩地的隨緣留錫之後，隱元雖然人在旅途，心中依然眷念黃檗祖山。隱元初住黃檗山有八年，可以說其間擴建寺宇、增添寺田、廣度緇素，百廢俱興，因此在黃檗僧團以及檀越之中樹立了崇高的威信；雖然一時離開，依然保持著黃檗山領袖的崇高地位。

舉例來說，在南明弘光元年（一六四五）十一月，隱元於龍泉寺住持時，曾撰〈能得監院乞規文以警僧眾〉一文對黃檗山僧眾作出開示，其文如下：

教外別傳，肇自迦葉，禪門規制，始於百丈。故我土自唐及宋以至於明，凡有禪林者，莫不遵而行之。然行之至者，禮儀存，名位正，法道尊，付囑弗妄，而禪林振矣。行之未至，規繩不備，師資混濫，不肖者操其權，賢者退其位，私念一萌，公事盡廢，以致中外不睦，禪林繇此而削弱也。苟忽而弗行，則無恥之徒，分房列戶，靡所不為。縱有百千共聚，如惡叉聚，成外道法，奚益於祖庭乎？蓋黃檗係列祖之席，先人不惜身命。叩闕請藏，為重此席故。感得天童、金粟二老人闡揚大法，醒覺群迷，重光祖道。余愧不肖，住持八載，同諸衲子恢復鼎建，艱辛萬狀。不知有身，不知有名，屢受無根之謗，亦為此法席故也。若夫正見衲僧，須擇正言，行正事，不為邪魅所惑，則祖法存焉。祖法存，禪林興；祖法亡，禪林廢。所謂寧可無人，不可無法也。茲者聖制在邇，本山耆舊同諸執事等，須擇吉日起期，定執事以存聖制，一一依規而行。倘有違者，耆舊與執事公議擯罰，庶不愧同住一會，亦不辜先人創制之本懷也。

乙酉念十月十一日 寓龍泉丈室書

從上文可知，雖然隱元不在本山，依舊能洞察以及指示山內的日常行事與法規。隱元長達八年住持黃檗，難免也有一些為人嫉妒或謗毀之事；然而，在山內的耆舊尊宿乃至外護的心目中，仍然有著無人可以取代的崇高威望。此外，在過往的禪林之中，往往於換了住持後，或因法嗣宗風有別，而各擅其法，各行其道。隱元為了保持黃檗自天童密雲以來的宗風，保持黃檗山的門風，很是警惕其他門派的僧人在山內自立門戶，這是隱元一門的嚴格規範；即使東渡之後，依舊以自家一門來相傳嗣續把持道場，不容許他人窺視自家法門。

到了南明隆武二年（清順治三年，一六四六），隱元五十五歲。是春，傳法給慧門沛，並將在龍泉寺的說法，令嗣法弟子良冶性樂編纂《住福州府長樂縣龍泉寺語錄》，後匯編在《隱元禪師語錄．卷第五》之內。

到了這年解制後，時局愈加緊張。此時，福清的護法居士以及耆宿商議後一致認為，只有請回隱元再主席黃檗，方可振丕祖庭，安眾辦道。於是，正月二十五日，隱元受請在黃檗山陞座，這是第二次主席黃檗山萬福禪寺。到了這一年八月，恩師費隱繼法弟木陳道忞之後，移錫天童山。金粟山廣慧禪寺外護蔡子谷等欲請隱元繼席，隱元作書堅辭。

據《年譜》等資料可知，從隱元第二次主席黃檗山萬福禪寺的第二年，即永曆元年（清順治四年，一六四七）早春，清兵的鐵騎已經蹂躪到閩地，戰火連綿不絕，擁立南明永曆政權的軍民死傷甚眾。有文載曰：

> 師五十六歲，春付良治樂。住旗山，二月鎮東、海口二城陷，殺者數千人，師憫然傷心。六月，會岱山法姪時學禪師入覲，師擢為座元。遂同詣東嶽建水陸普度者兩月餘。上堂法語二則，偈五首。有「兩城人物今何在？一片悲風起髑髏」之句；次造瑞岩，禮慈氏石像，過塔寺，輓棲雲期主。及回山，而海上之寇又起矣。誕日上堂云：方纔囫地是嬰兒，睫得眼來兩鬢絲。
> 五十六春如一夢，幸然不昧未生時。

由上文可見，隱元對當時慘烈的戰事，無限傷悲。面對世情的紛紜變幻，隱元肅然率山內大眾清淡自守，山門暫得無虞。

在清兵南下，南明政權處在風雨飄搖的歲月中，隱元堅守在黃檗山中廣度四眾弟子。據林觀潮博士的研究，在東渡扶桑的永曆八年（清順治十一年，一六五四）十一月之前，隱元已有傳法弟子十二人，其名先後如下：無得海寧、玄生海珠、西岩明光、慧門如沛、也懶性圭、良治性樂、中柱行砥、木庵性瑫

（木庵後隨隱元東渡，成為京都黃檗山萬福禪寺第二代、黃檗山紫雲派始祖）、虛白性願、即非如一（即非隨隱元東渡，後為黃檗宗廣壽派始祖）、心盤真橋、三非性徹。

東渡之後，隱元又得法子十一人，其中包括三位日本籍禪僧；除此三人之外，其他二十名法子，皆在福清黃檗山中參學於隱元，而相繼得法。東渡後傳法的十一名法子，將在下文章節裡一一簡介。

到了永曆五年（清順治八年，一六五一），隱元六十歲，是春在山中付法與即非如一。這一年夏天，隱元的法子也懶性圭因應諸日本長崎崇福寺所請，於東渡途中死於水難。也懶圭的海難，對隱元的內心衝擊不小，這事件同時也成為隱元後來親自東渡傳法的因緣。按《年譜》中記曰：

> 師六十歲，春付即非一。重修上善塔，於桑池園之左。夏，鳳山也懶圭長老應日本崇福請，舉為座元；秉拂未幾，東渡厄於水。師悼以偈曰：悶來窗底

嘆離騷，眾角何殊鳳一毛；不忍唾餘混細壑，通身手眼出洪濤。是後，師應日本一段因緣實基於此。

也懶性圭，福清陳氏子，十八歲出家於黃檗山萬福禪寺，先後在福清龍福寺、福州開元寺、連江盤谷寺等諸道場參學。在密雲、費隱、隱元住持黃檗山期間，也懶悉心參究。也懶在隱元的二十三名嗣法門人中，排行第五；其於南明隆武二年（一六四六）夏，隱元主席長樂縣龍泉禪寺時，得隱元印可，傳為臨濟正宗三十三世。

南明永曆三年（一六四九）七月，也懶性圭受請於福州府羅源縣鳳山報恩寺，道譽傳及遐邇，世人尊稱「鳳山和尚」。在日本京都黃檗山文華殿所藏得《檗宗譜略》（日本元祿六年〔一六九三〕刊，仙門淨壽編撰）卷上有〈鳳山報恩寺也懶圭禪師傳〉一文，記其略傳。

此時，先東渡日本、在長崎崇福寺掛錫的舊時法友無心性覺（一六一三至一六七一年），向外護唐寺崇福寺的福州府籍的大檀越眾極力推薦也懶；眾檀信便正式發邀請至鳳山報恩寺，延請也懶東渡住持崇福寺，傳法度眾。於是，也懶於永曆五年六月，在中左所（今廈門）起錨東行，不幸在中途觸礁船破而罹難，真可謂出師未捷身先死，不亦悲夫！據仙門淨壽所撰的〈鳳山報恩寺也懶圭禪師傳〉中記云：

順治八年辛卯夏，師應聘崎之崇福，將東來開化，特造古檗拜辭，隱舉為座元，秉拂提唱，一會改觀。既而揚帆，離中左江口未遠，海中有巖，船投於其上，摧破殆危，船主別備小舟催師回避，師堅忍不動而曰：吾緣盡於此，你等各宜免厄。乃披僧伽梨端坐。少焉風浪如山，忽覆其船，遂示寂於水中。當本朝慶安四年六月某日也。

此記雖然有些渲染的成分，與當時的情狀仍相去不遠。六月之夏，海上都有颶風；雖然明代的東渡商船比起唐宋時代的船舶要堅固得多，遠航日本卻還是有著巨大風險，也懶的遇難並不是特殊之例。當時東渡日本，據說成功率大概只有五成左右，而且要選擇春時信風揚帆，方能有更大的成功機率。

教團擴展，復興黃檗

痛失愛徒之後，隱元依舊隨緣導化四眾。此時，山內衲僧有千餘。按《年譜》中所記：「是年結冬，眾將萬指分為兩堂，立慧門沛、木庵瑫為座元，虛白願、即非一為西堂；兩堂下喝之風，儼然猶在室中。」可見，年至一甲子的隱元，有高徒四人輔助，率眾萬指，棒喝相交，滿堂龍象。木庵、即非兩哲，後來隨師東渡，大興黃檗宗風於海東。

從永曆五年前後，黃檗山教團在隱元的教化下，得以迅猛發展。以黃檗山為中心的教線，漸漸向四處擴展延伸；也懶的東渡，也是黃檗山一條重要的東漸路線。其次，隱元的諸法子，也陸續在周圍重要道場出世開法：如即非如一晉住福州府閩侯縣雪峰山崇聖禪寺；慧門如沛在福清縣獅子巖住持；木庵性瑫主席福清縣斂石寺；心盤真橋住持福州府城內補山萬歲寺；廣超弘宣進住連江縣石門寺；加上之前，隱元的傳法長子無得海寧住持福清縣萬安所福善堂；良冶性樂住持福州府閩縣旗山寺；也懶性圭開化於羅源的鳳凰山報恩寺。遂形成了以黃檗山為中心的一大教團。

可以說，在千年的黃檗山歷史上，隱元為首的教團成為最鼎盛的時期，可說成就復興大業。也懶的東渡雖然失敗，也由此而預示了其後隱元率徒眾將黃檗宗風東漸、並大興於扶桑的法緣。

時至翌年的永曆六年（清順治九年，一六五二），付法給心盤真橋。是年夏，隱元的得法恩師費隱通容在徑山萬壽禪寺迎來六十大壽。因閩浙一帶，清兵追剿南明餘部而時局未寧，隱元未能親自奔赴餘杭祝賀，於是命監院大眉性善代行。大眉後來也東渡助師道化，在日本得師印可，後來成為黃檗宗東林派的始祖。

雖然，在後來的編史中，將明亡定格在崇禎十七年；但是，作為當時身在南域閩地的隱元來說，依舊心懷大明江山。雖然明朝的氣數已盡，擁立南明永曆帝的明朝殘部仍頑強抵抗著強悍的清兵。隱元在修山志時，不用順治年號而用南明年號，可見他還對明朝的復起仍抱有一絲期盼。不過，局面對南明而言越來越惡化，戰火燃及隱元所住持的黃檗山已為時不遠。到了斯年的臘月初八開戒之日，當聞及維那師宣疏讀到皇明太祖洪武年號時，隱元不覺在佛前法座上涕零抽泣不已。依《年譜》中記道：

臘月八日開戒宣疏至開戒於洪武十年，善述於成祖，昭世列聖恩深，今皇德重；一時傷感，涕泣不能仰視，眾愕然久之。後有僧微叩其故，師云：吾聆太祖年號，中心惻然，不覺傷悼耳。

隱元對明朝的懷念，至死未改。昔年筆者訪京都黃檗山，林住持和尚在隱元塔院裡語重心長地說：開山和尚在圓寂之時，命門人置放禪榻於窗下；沐浴後，焚香斂衣端坐，面西遷化。一者，以表欣求往生西方極樂國土之願；二者，西望明國祖地，表示身雖滅於東瀛之異邦，心卻常念於東震故鄉。我聞此言，不由紅了眼圈，低聲讚歎：隱元禪師真國士也！在場眾人，無不動容感慨。

筆者在上文提到，費隱一門之法侶，具有強烈的遺民情懷。在當時密雲法門之中，也有不少所謂識時務者，如密雲法子木陳道忞、法姪玉林通琇等，不敢不受清廷招撫，而領旨北上京師，受清帝所封禪師號與國師之號；然而，費隱與隱元等則對此深以為恥。

在密雲門下眾弟子，包括費隱與隱元的外護居士中，也有一些明朝舊臣，因不堪亡國之痛，而決然削髮披緇出家修道。如為崇禎十五年圓寂的密雲撰寫塔銘的鄞縣名士、天啟五年進士、官至江南提學御史的徐心韋（之垣），在甲申國變後剃髮出家，住碧溪大音庵。還有餘姚出身的舉人張廷賓（客卿）在國變後，於奉化雪竇山出家，由費隱的法弟石奇通雲剃度；出家後在石奇會下掌書記一職，法名行恂，世人尊稱「妙峰老人」。在隱元門下也有士人為僧；據《年譜》所記，為海寧姚興公薙染，法名性日，字獨耀，命掌記室。

明末清初，在中國思想界所引發的遺民思想頗為強烈，與投靠清朝的貳臣相對立。如萬曆三十八年探花進士、官至禮部侍郎的常熟虞山碩學錢謙益（牧齋）在順治二年清軍平定江南後，屈為降臣，而留下貳臣之詬名。當然，錢的降清，有出於無奈的一面，因其不忍常熟百姓也慘遭「揚州十日」與「嘉定三屠」那般的滅頂之災。不過，錢後來深深悔恨乙酉失節而參與反清復明運動，因此受盡牢獄之苦；其後妻名妓、有秦淮八豔之一的柳如是，以降清投敵為國恥，在錢死後未幾，自縊而亡。

錢在南京仕官時，抗清名將鄭成功曾是他的學生；這一時期，以「華夷之辨」而時論紛紜，而且一直延及到近現代的思想界。當然，「華夷秩序」中的

「蠻夷」概念，從春秋至漢唐，及至宋元明清，乃至民國之後，各有不盡相同的所指對象；概而言之，則有古來所謂漢民族之外的四方蠻族，也有清末所特指的西方列強諸國。

在明末清初之際的遺民中，有因清廷的「剃髮易服」等政策而憤然反抗乃至殉難之士，還有不少因此而遁入佛道之門之人。筆者一直覺得，隱元的東渡，其原因之一是出自他不甘成為清朝的子民；因此，到了日本後，即便受到很多排擠與挫折，也曾一時生起歸鄉之念，最終還是沒有下定決心返棹而回。

到了永曆七年（清順治十年，一六五三），隱元六十二歲，清軍追剿南明餘部的鐵騎已日益深入南方，據《年譜》云：

是年山海兵戈復起，民不遑居，師惟鎮之以靜。一日，有暴客至，師危坐不動，客稽首而去。按答徐覲周孝廉書略云：今時世道亂離，眾生盡在大夢之中，竟日撼搖不醒；聞臺下有《醒夢錄》，亟當梓出，以開蒙庶，成大覺世界否。則群生曷有醒日？而山僧說夢亦無了時也。

可見，對時局的不穩、眾生的不覺，此時的隱元抱有極大憂慮；但是，隱元常以靜待動，臨危不驚。同年，日本長崎興福寺住持逸然性融（一六〇一至一六六八年）遣僧古石齎書來請隱元東渡開法，此後又有數請；是去是留，對隱元來說，當時一時難決。經過深思熟慮之後，隱元決意接受恭請，安頓好山內諸事之後，率徒眾揚帆東渡。此時，隱元已經是年過花甲的老和尚了。

第五章　東渡扶桑，創立京都黃檗山

敬聞老和尚正授濟上心宗，久踞檗山獅座，行推廣夏，名重高真。仰望西來，懇求杯渡。是此獨懺將心，共推厥念；敢自告諸彌宇，至復率由上陳。

前章已經講到隱元在福清黃檗山前後兩次住持共十七年的弘法利生事蹟，也論及當時社會內憂外亂的時代背景，並提到黃檗宗首次東渡途中、隱元愛徒也懶圭不幸罹難於鯨浪之中的情狀等。鑑於內外種種原因與變故，隱元不顧年事已高，毅然辭別福清故地與苦心經營十七年之久的黃檗山，決意梯航東渡。可以說，在中國佛教史以及日本佛教史上，皆是一件十分重大的事情。

東渡因緣概述

當然，歷史上出現的所有重大事件，都有其因緣際會與前因後果，也當然必須具足天時、地利、人和三大重要因素。所以，若從大者來看，則可言之謂天意、大義、宏願云云；由小處見之，則可說為各種人情世故、禮尚往來之習俗禮數所由等等。以下便要敘述「人和」這一要素。

按《語錄》等文獻資料可知，隱元是於南明永曆六年（清順治九年，壬辰，一六五二）至七年（癸巳）間，五次得到從日本長崎與福寺緇素與住持逸然和尚寄送並遣派寺僧特送的恭請書啟，隱元也有三度復書（可惜第三封回覆已散逸不存）相應酬答。雖然書信文字內容頗長，為說明東渡事由起見，茲錄其全文如下——

（第一請啟）

日本國長崎島緇素請師住興福禪寺書啟 衆檀越請啟

壬辰夏四月初六日船主何素如賫至

伏以佛法廣開，天醒取生身成。立地宗風揚遍界，闡將大道救當時。物物含靈，還他固有；人人不昧，證我本無。痛念官等，生際明區，業占海國。悲乎！白髮垂頭老將至；涕矣！紅塵昧目時不待焉。瞀起有情，兆徵無朕。敬聞老和尚正授濟上心宗，久踞檗山獅座，行推廣夏，名重高真。仰望西來，懇求杯渡。是此獨懺將心，共推厥念；敢自告諸彌宇，至復率由上陳。有喜遐邇同心，風雲亟起，驀然海島，願效靈山，大展慈光，比隆震旦。媿官等不能離境投誠，只爾仰籲叩首，謹附八行，恭投猊座，上供瓣香，不翅薰心。

惟願法駕早臨，曷勝瞻仰之至！

弟子潁川官兵衛 林仁兵衛 潁川藤左衛門 渤海久兵衛 彭城久兵衛 彭城太兵衛

張立賢 何懋齡 許鼎 程國祥 高應科 王引 何高材 陳明德等仝頓首百拜

復啟 壬辰秋七月初六日

興福寺主逸然請啟

壬辰夏四月初六日船主何素如賫至

伏以佛自西來，法傳東土，洎二千年內，大開震旦。心宗歷八萬劫中，直啟迷途。正印融自年踰不惑，幸切有聞，棄俗皈僧，辟邪就正。俾得一朝補衲，扶桑九首師心大法。爰值鯨波阻絕，海國聞艱。由唐迄宋，稽四百年，未由一接宗風。自旦抵暮，至十二時，無可少親禪髓。寥寥海若，君民知有自樂之風；浩浩法門，上下曷勝景仰之切。個個不昧皈心，人人自願作佛。敬聞大和尚五燈正授，厥接臨濟心宗，一代親承，獨荷天童，直指黃檗。山中顧可傳燈，青海岸頭，豈無續焰？融至藐孤，惟以創道為懷；人合同心，願切開天有日。扶桑東際，法雨均霑；和域天中，慈雲遍布。茲已誠控鎮臺，專致悃愊布。駕鰲獨馭，以救沉迷，轉扶桑為淨梵，化黔庶作天親。不勝哀籲，不勝仰望之至。

興福禪寺弟子性融和南百拜

第一次請啟，是分別以長崎興福寺眾檀越之名義和寺主逸然之名義，請托商船主人何素如帶上黃檗山。興福寺與崇福寺，都是僑居日本的中國信眾作外護興建、而請以福建籍為主的僧人住持的唐寺。這些信徒中筆頭者有「潁川」、「渤海」、「彭城」等為姓的，筆者推想他們是歸化的中國僑民，應該是以出身的地名冠之為姓；潁川是河南陳氏之地，估計當是「陳」姓；至於渤海與彭城，無疑也是中國山東沿海的地名。署名者十四名，以潁川官兵衛作為頭領來撰寫聘書。

第一封信（或為口信），隱元將答覆讓何船主帶回長崎；不過，在同年《年譜》中卻未見有載此事。一般來說，據佛經記載，弟子請佛說法開示，通常是「三請三止」，即弟子再三殷勤拜請、佛陀三次推辭之後，才隨緣施教。中國古時也有「三顧之禮」，以示請者之誠切與禮數；被請者自然也不會一請便就，以免徒增輕浮躁動之嫌。因此，起初隱元在接到請柬後，想必先是婉言推卻。在逸然的信文中可知，其與隱元一樣，本為福清正印寺出家的僧人，時年已過四十（在後年的邀請信函中有「年逾知命」，恐是剛過五十）。他言辭懇切，執弟子禮而拜請隱元來日本開法。

（第二請啟）

壬辰八月念七日寄船主何素如被海寇掠去

性融孽根倒斷，脫俗為僧，掛搭扶桑，罔希至道。是敢奮出一身，直披敬信至稟長崎鎮主，告遍護法同仁。前專啟請，承聞法諭。遐天異國道遠，心同顧此大法。或尊信匪專，或忌毀不一，人情有不貫通，語言有不吻合。一時不慎幾微，萬古致乖法道，進退何尤之辭。融亦戰驚，不勝舉措，乃復再稟鎮主，懇假尺素，併伸虔至第。曰：日本書法難譯同文以通中國。令融再至傳書，勒此上下咸孚始終敬信之意。今敢再瀝丹誠，用陳仰止，遠希振錫，足慰皈誠。昔年初祖西來，近日黃檗東渡。事出後先，道同古今。奉此荒緘，附呈不腆，路資百金，香帛八種，懇即戒途，早臨一會，至使垂信國書，永傳法道。海嶽崇瞻，群生引領，不勝瞻臨之至！

興福禪寺弟子性融和南百拜

（第三請啟）

癸巳三月僧自恕賷至

性融年逾知命，托足他鄉，濫廁僧倫，未聞大法。茲者有心向上，痛作前鞭。客秋再托素如居士上陳書儀，并瀝悃誠敬請法駕東來詎意。途遭寇劫，未識所附書儀，曾得上進否？顒顒屬望，不獨融切雲霓，即鎮主二檀以及舉國緇素竚矚駕臨，激切水火。仰祈垂慈，大展接人，本願得即，賁然命駕，至使僻陋。海隅盡霑法化，何異靈山一會耶！鄙懷遙念，俱屬自恕，耳聞目見，茲不盡瀆。

興福寺弟子性融和南百拜

性融的第二封邀請信，是繼壬辰夏之後，船主何素如回到長崎，於同年秋再托他帶上路資百金以及香帛八種等送附檗山；不料，何素如的船遇到海寇，盡被掠去。於是，在翌年癸巳春三月又寫了第三封邀請函，親自派寺僧自恕往黃檗山面呈隱元，由此可見逸然對延請隱元東渡開法的迫切願望。

於是，隱元在接函之後，於同年五月二十日回覆。其覆信內容如下：

復書癸巳五月二十日

三月自恕僧持上人書至，益見請法之誠。誰知萬里之外，別有知音者第。老僧黃檗公案未了，而諸護法并合山大眾苦留，故未能即應為歉。來札謂托足他鄉，無聞法音為嘆，此誠真切言也。然衲僧家腳跟在處，便是家鄉，何云托足乎？若真法音，吾亦無說，汝亦無聞。故須菩提尊者，空岩晏坐，惹得天人獻花，所重無說無聞真般若也。靈山老漢，四十九年，說未說一字，可知般若離文字相，離言說相，本來無物，鑽註奚及？試問合島緇素何處著眼？何處望覓？於此薦得可作請法之主？不妨老僧說法已竟。而二檀越動念已遲八刻矣。其書儀俱未曾見，想海上之攘，非只今日，將恐未有了期。嗟嗟眾生，宿業所感，老僧縱有悲願，無如其何？自恕見聞，未敢據信，特差監寺良者，親造勝地，回日方可決矣。上人果有為道之切，何妨再四珍重。所謂秋水碧天無異色，那怕霜輪不現前？此復。

佛家中「三請三止」，以示珍重道法，從隱元的覆書中已暗露消息。隱元得僧自恕之請狀，為逸然的誠意所感，不過按禮數而推辭。文中開示，須菩提晏坐無說而得天人供養之公案，開示真般若離一切相之禪旨；以及釋迦文佛說法四十九年、卻言未說一字之典故，以點明佛法離於文字言說，但重親證實悟的妙諦。隱元以說遺說，可謂慈悲過於常情。最後的「上人果有為道之切，何妨再四珍重。所謂秋水碧天無異色，那怕霜輪不現前？」一句，表明了隱元有應請東渡的意向，不過須逸然重擬第四封請函，以示誠切。

於是，在接到隱元回覆之後，逸然再四寫上請啟，托寺僧古石上人送往黃檗山中。第四封邀請書內容如下：

（第四請啟）

癸巳冬十一月初三古石上人賫至

性融三致投誠，望十二峰之高懸慧日，一心請法詎八千里之隔岸同風。雖云庸猥匪儔，竊自蠢愚共性；屢作披丹，得蒙老和尚兩傳法語，一喝當頭。播之通國，徹聞上下，誰不曰赤緊婆心，不將我棄；親承慧命，若可人同。是此一方海域生民，翹翹顲首，千秋祖道重光，赫赫烜旦乃至。乃至島主嘉誠遠疏，江府令音在譯，喜出與衷。即日融願懷一瓣香，奔萬里道，值以身承主剎，事副周悤之給，心專請法。靡覲出告之艱，專託古石禪兄熟出閫輿，躬詣檗山，代融前爇心香，傍趨戒道，求老和尚卓錫濬臨，祈執事師呼鰲勸駕。上可以慰島主之允成，下有以副群生之望切。振起三百年臨濟宗風，掃八萬劫野狐穢跡。禪天海地，盡出彌綸；佛教性宗，用推廣化。茲者薄具戒途資費果幣香儀，媿出輶將用伸虔切，躬於薄海岸頭，遙瞻紫氣，閩南天際，仰即來儀，臨渚叩首，不勝顒望之至！

興福禪寺弟子性融和南百拜

長崎興福寺的性融在得到自恕帶回的隱元回信之後，喜不自勝。於同年冬十一月，再派寺僧古石攜帶第四封請啟，並附上路費以及香儀等往黃檗山拜請，殷殷盼望隱元能早日梯航東渡；拳拳之心，溢於言表。

關於古石上人的來山，在同年的《年譜》中有記：「日本興福住持逸然奉王命，差僧古石齎書帛，聘師東渡開化。先是數請未決，茲見其誠懇，特為上堂許之。冬結制，舉即非座元秉拂。復日本諸護法，啟逸然上座書示」云云，可知隱元於冬安居前，特上堂向山內大眾公布將應請遠渡日本開法。關於隱元給逸然的回覆，其文字內容如下：

復書癸巳冬十二月初一日

老僧住持黃檗，直指人人本有之宗。上座獨踞海門，常聞個個不盡之旨。山海雖隔，道契則親；形影各居，心同奚別？是以教演中夏，融會東鹵，聲震四方，豈分南北？一遇當機，迅雷不及掩耳；苟逢作者，未免自納敗闕。益性教相，須質文各至；如日月所臨，容光必炤矣。邇者古石上人，不憚鯨浪，負命而至，情意孔慇，錫貺單厚。欲請老僧東渡說法，此誠合國臣民，自求無疆之福。諸位禪人，矢志向上，不昧本來之心，即此一念直下，了徹淨盡無餘，則老僧蚤已到扶桑了矣！寧俟呼鰲而駕，然後謂至耶？若果必於棒下證明無始劫前大事，則萬福不悋烏藤。撐天柱地，駕海梯山，轟轟烈烈，與波作浪，成大勝事。庶東土佛日重光，曇花再現，人人頓領從上來事，是老僧之所願也。書儀謹領，肅此遙復。偈云：「杖藜未點迅風馳，正信分明不我欺；自古山高日出晚，何妨海闊浪來遲。離言直截玄中旨，離相頓超格外機；三請法輪能不退，千秋道振在斯時。」

在逸然性融再三、再四的慇勤邀請下，隱元終於下定親自東渡開法的決心。於此同時，古石上人還帶來了興福寺眾檀越的請函，信中也殷殷盼望隱元能垂慈憫人，一駕葦航，至東瀛廣化群倫、開山立宗。信文內容於此略而不述。隱元也應有回覆，可惜此封覆書已佚失不傳。

到了次年的南明永曆八年（清順治十一年，甲午，一六五四），隱元年屆六十三歲。據《年譜》所記：

師六十三歲，春監寺、座元、西堂同居士合山等，以師有東應之事，詣方丈羅拜不起，痛哭懇留；師亦憫其誠，躊躕久之。但法語既出，欲行其言，遂有決應之意。

由上文可知，隱元決意東渡，是年春上元日，合山僧俗上方丈，悲啼哭泣，苦苦挽留；隱元雖於心不忍，但是既言已出，則必得踐行，於是不改意志，決意擇日東渡。黃檗山的後繼方丈，經福唐諸檀越推舉，由法子慧門如沛來主席。

揚帆東渡

到了五月初十日，隱元特上堂辭眾，在《年譜》中記曰：

老僧事事無能，濫主黃檗十有七載，有負檀信者多，茲乃即日啟行，聊敘言別，以慰眾念。所以三請，而來一辭便去。遵上古之風規，為今時之法則。未有長行而不住，未有長住而不行。行既行也，且道途中得力一句作麼生道：撥盡洪波千萬頃，拈花正脈向東開。下座便行。

又有別本《年譜》中開示云：

信不可失，願不可無，相不可著，心不可昧。言不可不行，道德不可不修，去住不可不當。時節因緣，不可不知；授受之際，不可不隆重；繼述斯道，不可不渾厚。

全備斯者，為人不愧，涉世無悶。（中略）其行也，步步無踪跡；其住也，處處絕廉纖。我為法王，去住自在；滴水滴凍，縱橫無礙。

據《年譜》等文獻資料可知，隱元於五月初十日最後一次在法堂說法並與山內大眾以及眾檀越眾等道別。於即日由法姪汶石晃來山迎宿至資福禪寺；翌日經上生抵達莆田城，寓居鳳山報恩寺——此寺為先時欲東渡而罹難的弟子也懶圭禪師主席過的道場，駐足五日，受請上堂說法開示；又過長樂雲門寺，也受請上堂說法。於五月二十日至泉州，弟子木庵迎入開元寺，於紫雲設齋數日，繼而南山亙和尚率法姪輩來敘別。於六月初三日到達中左所（廈門），鄭成功等來參謁問候，並安排出航船舶諸事。六月二十一日，揚帆向東。據《年譜》記云：

即日啟棹而東，舟中夜懷云：

萬頃滄浪堪濯足，一輪明月照禪心；可憐八百諸侯國，未必完全得到今。

一夜，夢圭首座領千眾參謁，問：如何是末後句？師云：前三三後三三。數日風浪大作，師書「免參」二字貼船頭，其浪遂平。時有巨鱗數萬隨舟而行，七月初五晚抵長崎。是夜，海上漁人咸見崎中紅光亙天，意為人家失火，各操舟救援；及至，其光隱矣。始知師入國之瑞應也。次早，寺主逸然同檀越請進興福寺。

以上描寫了隱元航行東渡的大概情況。其中，夢見也懶圭首座率萬指來參問，隱元開示說法，以及遇到巨浪時貼「免參」字於舟首、而神奇地使風浪得以平息，並有萬鱗護送，至長崎傍晚紅光沖天等瑞相云云，按現在的常規思維來言，不免顯得十分離奇；但是，在古時神道思想觀念裡則顯得極為自然。

當然，弟子也懶圭的罹難，很大程度上觸發了隱元東征的悲願；而在東渡的大海中，鯨浪滔天並非不尋常，「免參」兩字如同神符，使得巨鱗數萬護航；這在新羅義相（湘）以及日本空海、道元等渡海時也有相似的描寫。所謂巨鱗者，乃大海之龍神也；而紅光接天，則可解之為是日黃昏時節日沉海面，漫天紅霞似火光晃耀。隱元的東渡傳法，是中日佛教史上一件大事，增添些筆墨來渲染一下神異色彩，也是宗教史話的常套做法。

總之，隱元的東渡途中，沒有遇上太大的風險，可謂是一路順風，直達目的地。從六月二十一日起錨，七月五日到達長崎港，約經半月，是比較順利的海上之旅；或者應該說，國姓爺鄭成功的水師船舶，比起一般的福建商船當是強固很多。

據後來山本悅心所編撰的《黃檗東渡僧寶傳》中所記，當時隨著隱元東渡的有慧林性機、獨湛性瑩、大眉性善、南源性派、獨吼性獅、無上性尊、良哉性常、惟一道實、獨言性聞、雪機定然、揚津等十數名隨從人員。其中，揚津是南京出身的畫家；雪機定然則為泉州人，是木庵性瑫的剃度弟子，為隱元法孫。其他皆為隱元的弟子，後來在輔助隱元的弘法事業中，發揮出了巨大作用。

在隱元東渡之後，又有十一名法子接其法脈。他們分別是廣超弘宣（一六〇〇至一六七九年）、良照性杲（？至一六六一年）、常熙興焰（一五八〇至一六六〇年）、慧林性機（一六〇九至一六八一年）、龍溪性潛（一六〇二至一六七〇年）、獨湛性瑩（一六二八至一七〇六年）、大眉性善（一六一六至一六七三年）、獨照性圓（一六一七至一六九四年）、南源性派（一六三一至一六九二年）、獨吼性獅（一六二四至一六八八年）、獨本性源（一六一八至一六八九年）。

其中，廣超弘宣、良照性杲、常熙興焰三人沒有隨師東渡，是隱元東渡後寄送拂子與法卷等相傳的。廣超是莆田人，於隱元東渡之年、即南明八年（一六五四）所傳，後為黃檗山萬福寺住持；隱元雖東渡，福清祖山依舊保持向來宗脈。而良照與常熙同是福清人，分別於南明八年與南明十年成為隱元法嗣。

其中有三名為日本僧人，即龍溪性潛、獨照性圓、獨本性源。其中的龍溪，俗姓奧村，京都出身，得法於一六六四年，後為日本黃檗宗萬松派開祖。獨照，俗姓富田，江州（近江滋賀縣）出身，於一六七一年得法，後為黃檗宗直指派開祖。獨本，俗姓法木，房州（房總千葉縣）出身，一六七三年得法，後為黃檗宗海福派開祖。

隱元傳法給日本僧人，意味著黃檗宗的日本本土開法。但是，隱元一直以福建出身的法子代代繼承本山黃檗山萬福寺法席，以保持唐寺的本宗格局，這顯然與歷史上的所有東渡高僧之弘化方式迥然不同；可以說，就鞏固黃檗宗自家門庭的意義上而言，是很有見地的做法。

凡言「傳法」者，一則「人法」，即師資相承，從釋迦傳迦葉起，達摩傳慧可，乃至六祖惠能的代代直指單傳，以「人」為傳法形式；二為「伽藍法」，則是以「道場」（寺院為單位的「地法」）的世代相承傳接為準則。因此，一宗一派的「人法」，或有斷絕的可能性，而「伽藍法」則一般比較容易相承接續，因為不必拘泥於宗派問題；凡是釋子，皆可以住持任何有緣的道場；也因其道場歷代住持所秉持的「人法」可能不同，而弘揚各自不同教法。比如說，原是天台教宗的寺院，後因禪宗和尚的入住，而成為傳禪的道場。

不過，隱元建立的黃檗山，盡可能地加強人法與伽藍法對口接續，形成一山一宗牢固的本末機制。同時，在福清的黃檗山，也是以隱元的「人法」來構成住持道場的「伽藍法」的世代承續。

隱元開創的日本黃檗宗祖山萬福寺，後來傳給高徒木庵性瑫，成為第二代法主和尚。木庵在隱元東渡後的第二年，即永曆九年（一六五五）由泉州安平港東渡長崎。木庵是位能幹僧才，在隱元滅度之後，對黃檗宗的繼承與發展貢獻尤為巨大。第三代是隨從隱元一起東渡的慧林性機，第四代獨湛性瑩也是隨師東渡的法子。關於隱元之後的福清黃檗山、與日本京都黃檗山的歷代住持情況，將於「影響」部分再予說明。

這種傳法制度，後來為日本禪宗乃至其他宗派仿效採用。此後的日本佛教各宗派，皆效仿黃檗山而建立自家本山、末寺體制，即依照一宗寺格上下級別而構成狀如金字塔形的宗派組織。

黃檗山的這種組織機構，筆者認為頗似中國儒家的一家宗譜，由始祖分成本末枝葉繁衍，即以直系掌門為中心，而匯成家族一大宗脈的直、傍系譜。

隱元傳法日本的時空背景

接下來談談明末清初福建地區與日本的海上往來，以及居留長崎之唐人社會的情況，這對隱元東渡的地緣關係及社會基礎的理解有所裨益。

明代海上貿易的發展

眾所周知，明王朝建立之後，對外實施宗藩體制，不斷擴大海上朝貢貿易往來，尤其是東南沿海地區的航海事業尤為發達，以明帝國為中心，構成了與東海諸國以及南海諸國之間巨大海上交通的商業網絡路線。

不過，明代實行十分嚴格的海禁政策，由官方壟斷海上貿易與海上運輸。但是，在東南沿海一帶，即廣東、福建、浙江、江蘇等地區，以船運以及漁業等為營生的民眾，為了謀生，不惜鋌而走險，頻繁暗中與安南（越南）、日本、朝鮮、琉球、呂宋等國家與地區展開海上貿易活動，東南沿海很多大小港口成為其海上經濟活動的重要據點；雖然朝廷多有禁令，卻始終屢禁不止。

因此，在東南沿海線上——連接著東海與南海之江浙閩粵四省的綿長海岸線，分布著眾多天然良港。從南海域有廣州港，歷來為開通與東南亞乃至中亞地區海上交通與商業往來的重要樞紐、以及成為對外文化交流的主要門戶；另外，潮州府饒平縣的南澳島也發揮了很大的作用。從福建省來說，則有漳州府詔安縣的梅嶺港、漳州的月港；泉州府同安縣的廈門港、南安縣的安平港、惠安縣的崇武港；興化府莆田縣的湄洲港；福州府福州的五虎門港、福清縣的海口港、長樂縣的梅花港、福寧州（今霞浦）港、福鼎縣的沙埕港。

如果說，唐宋時期的海上貿易，是以山東、江蘇、浙江沿海的港灣城市為中心，到了明代乃至後來的清代，除了浙江諸大港口之外，廣東與福建地區的海港地位日顯重要。我們可以從海外華僑的分布以及出身省份來分析得知，粵閩的僑民占據相當大的比例；在東南亞等地區的大都會裡，至今還隨處可見以廣州、潮州、汕頭等地的同鄉會，以及福建省的各大同鄉會團體與組織。而從浙江省地區來看，有溫州府的瑞安港、寧波府的寧波以及舟山諸多港口。可以說，從南海的廣州到東海的寧波，構成了海上交通的巨大網絡，堪稱是一條黃金海岸線與經濟大動脈。

尤其是浙江寧波的三江口（甬江、餘姚江、奉化江匯合處），成為海上航運的重要門戶，其歷史可以追溯到千年之前的唐代，它是海上絲綢之路的起點。當代的我們往往著眼於海港的政治與經濟重要性；其實，寧波等港口也是海上佛教文化傳播之路的起點。在那裡，來過日本的最澄、榮西、道元等留學僧，也出去過中國蘭溪道隆、無學祖元、一山一寧等一大批南宋元初的東渡高僧以及清初東皋心越等禪門大德。而福建省以中左所（廈門）為主的諸港口，也起錨出航過以隱元為中心的大批黃檗宗東渡高僧。

寧波的三江口地區，素有外灘之稱；後來，在清代南京條約簽訂後，成為五大通商口岸之一。明末清初那時候的上海，還是一個小小的漁村而已。從寧波三江口出發，由內陸河運可以沿著揚子江直至江西洪州豫章（今南昌地區）

的鄱陽湖流域，成為中國江南地區的河運黃金線路以及水上商業的主航線之一。當然，在江蘇地區的沙州（今蘇州張家港）也是長江下游出海的重要水路，而且對連接蘇州、揚州、潤州（今鎮江地區）等江南地區的航運事業和經濟貿易等方面也有著一定的地位。

大約從十五世紀中葉，即明宣德年間（一四二六至一四三五年）開始，沿海地區的商人們，開始展開與海外的祕密貿易，他們擁有自己的船隊，開始活躍於東南海域。他們以揚子江為中心的江南地區作為商品集散地，與江浙閩粵諸港口相連接，滿載著蘇杭地區的茶葉、瓷器、生絲、綢緞、棉紡織品、書籍以及美術品等，出航於一望無際的大海上，冒著萬丈鯨浪，東北向朝鮮，東到日本、琉球列島，南至南洋諸島，西抵安南、呂宋等地，在那裡換取黃金白銀與珍寶，或帶回諸國的珍奇物產與商品，獲得了大量財富與資產。

明王朝建立的朝貢貿易體制下所形成的特殊商業貿易地帶，以及明代中葉所興起的祕密海上貿易，構成了一個以江南地區為中心的貿易輻射網，由大陸內地通達海上的亞洲一大經濟貿易圈勃然而興；中國大陸目前所實施的「一帶一路」對外政策來看，彷彿是與那段歷史相似性的翻版與重現；當然，不同的是當時所盛行的是海禁下的祕密海上貿易活動。

江南居民移居長崎

隨著這樣一個大經濟網的形成，有大量的物品出海，也促成了大量江南以及閩粵的居民遷移海外，在一定時期的活動過程中，開始有一大批僑民定居在外，與國內商人產生貿易上的互動關係。而到了明末國難時，有遺民意識的文化人和僧侶等，則紛紛移居前往日本等國家與地區。

在前往日本九州長崎等地的大批江南移民中，尤以福建籍人為眾；當然，後來也有不少散居在關西神戶等地區的僑民。我在京都黃檗山的念經殿堂中，就曾親眼見過早期神戶地區的信眾在做眾姓水陸大法會時，所供養施與寺用的法器與經幡等物件。

當然，這些移民者大多是從事商業，他們同時也帶去了各地域性的道德倫理觀念與文化傳統以及風俗習慣；古時候的中國僑民具有強烈的宗族觀念與宗教意識，自然產生與當地所不盡相同的宗教活動場所與信仰特色。在商埠重鎮的長崎，由揚子江中下游地區的移民，建立了興福寺（俗稱南京寺），來自福建南部泉州漳州二州府為主的移民們則聚資興建了福濟寺（俗稱漳州寺），而來自省府福州地區的移民們則發願營造了崇福寺（俗稱福州寺）；於此同時，他們招請自己本貫出身的僧侶來長崎住持道場。此三寺被當地民眾稱作「三大唐寺」，即唐人（中國移民）所建造的寺院。

據日本弘化四年（一八四七）刻板的文齋信春所撰的《長崎土產》一書中記載，唐寺中的興福寺，山號為東明山，於日本元和九年（一六二三，明天啟三年）癸亥所建，開山是唐僧真圓，世稱南京寺。崇福寺，山號為聖壽山，於寬永六年（一六二九，明崇禎二年）己巳建立，開山為唐僧超然，世稱福州寺。福濟寺，山號名分紫山，寬永五年（一六二八，明崇禎元年）戊辰創建，開山為唐僧覺海，世稱漳州寺。

在當時，三大唐寺中，只有興福寺沒有正式從大陸來的高僧。興福寺主逸然，於萬曆二十九年出生於浙江省杭州府錢塘縣，崇禎十七年（一六四四，日本正保元年）避戰亂來到長崎。他本是在長崎經營藥材的商人，中年後隨長崎興福寺主默子如定（一五九七至一六五七年）出家。

如定是江西省南康府建昌縣人，後在揚州興福禪院出家；明崇禎五年（一六三二，日本寬永九年）東渡，在興福寺參學真圓（一五七九至一六四八年）和尚。真圓俗名劉覺，是江西省饒州府浮梁縣人；他於明萬曆四十八年（一六二〇，日本元和六年）作為行商人來到長崎，於四年後的寬永元年

（一六二四）出家為僧，成為長崎最初的中國僧人（出家師僧應是福清黃檗山在日本長崎一時逗留做法會的禪德）。在同鄉華僑們的支持下，於華僑歐陽華宇的別邸改建佛殿與媽祖堂，創立了東明山興福寺。寬永十二年（一六三五）讓位給弟子默子如定，日本慶安元年（一六四八）二月入滅，享年七十歲。

默子來長崎時，帶來了明版大藏經供奉與興福寺中；真圓圓寂後，成為興福第二代。據說，默子如定也很精通書畫，而且是鑲嵌藝術的大家，將中國鑲嵌藝術傳到了長崎；此外，在寬永十一年（一六三四）還指導了長崎眼鏡橋的建設。眼鏡橋是一座拱橋，為長崎古蹟名勝之一。到了日本正保二年（一六四五）讓住持位給弟子逸然性融，自己退居東廬庵，明曆三年（一六五七）十二月於庵中圓寂，享年六十一歲。據說，在延請隱元東渡一事上，他也表示全力支持。

第三代的逸然在禪法上成就不高，不過，他也與師父一樣，擅長於繪畫，尤其以羅漢與神仙題材的人物畫見長，被稱為「長崎漢畫」之祖，門弟有河村若芝（一六三八至一七〇七年）、渡邊秀石（一六三九至一七〇七年）等。承應元年（一六五二）在法友無心性覺的懇願下，與崇福、福濟兩寺的住持以及眾檀越主商議後，正式慇勤相請隱元來住持興福禪寺。當時住持崇福寺的是隱元法弟亙信行彌的剃度弟子道者超然（一五九九至一六六二年），在當時長崎佛教界有很大作為；隱元作為他的師伯，他在邀請隱元東渡一事上想必也起了推波助瀾的作用。

逸然請來隱元以後，畫作上的起首印為「請法東傳」，可見他對正法東傳的真切之情。隱元入住興福寺，逸然自居監寺之職；翌年隱元移住攝津普門寺，逸然復為住持。其於明曆二年（一六五六）讓住持位於弟子澄一道亮（一六〇八至一六九一年），退居塔頭幻寄山東盧庵。明曆三年（一六五七），出資出版《隱元禪師語錄》與費隱禪師所撰的《五燈嚴統》。寬文八年（一六六八）

七月，圓寂於興福寺，春秋六十八，墓塔安置於寺之後山。

道亮也是杭州府錢塘人，幼年出家，承應二年（一六五三）六月東渡長崎，師事興福寺逸然。道亮精通醫術，在長崎培養了石原鼎庵、上野玄真、今井弘濟等中醫名家。明曆二年（一六五六）繼席逸然，成為興福寺住持。寬文三年（一六六三），長崎市內發生大火，興福寺的堂塔也燒去過半；道亮於四年後的寬文七年重建大雄寶殿等殿堂。貞享三年（一六八六），讓住持位給悅峰道章（一六五五至一七三四年），自己隱退塔頭永福庵。於元祿四年（一六九一）四月圓寂，享年八十四歲。

悅峰也是錢塘縣人，貞享三年東渡，受請繼席道亮，住持興福寺。後來，他還成為京都黃檗山萬福寺第八代住持，後又在甲斐國（今山梨縣）創建永慶禪寺，於享保十九年（一七三四）圓寂。

隱元至日本住持的長崎興福寺，其前前後後的傳承世代大概如以上所述。

由此可見，無論從道統上，還是從地緣上來說，隱元無疑都是最佳人選；況且，當時的長崎唐人信仰層中，福建籍的居民人數最多，他們都渴望故鄉來一位像隱元這樣具有相當修為的明眼禪者。

日本與長崎的近代發展

至於長崎的地緣，其為日本江戶時期對外通商的唯一港口（其中附近的平戶港一度也昌盛過），也是中國與西方國家荷蘭（紅毛）可以移居以及從事經商交易或傳教的都市，至今在長崎依然可以見到具有異國風情的建築群及中國寺院與教堂。

前面說過，江戶幕府實行閉關鎖國政策，以前對外開放的諸大海港均已封閉。因此，在當時以「武威」來示其國體的日本德川幕府政權，以武人為尊，對西方各國的來航始終抱著排斥與抵禦的態度，只與鄰國的朝鮮、琉球、和蘭

（荷蘭）與唐（中國）進行合法的交易通商。

日本是一個四周皆是大海的極東列島國家，從日本古代至近代（第二次世界大戰以前）歷史上來看，日本幾乎沒有受到任何外國與外族的入侵與統治。當然，在鎌倉時代中期，有過所謂「蒙古襲來」的重大事件，即元寇（元帝國與屬國高麗的聯合軍）的水師從海上東征日本的軍事危機。第一次稱為「文永之役」（一二七四，日本文永十一年，元朝至元十一年），第二次稱為「弘安之役」（一二八一，日本弘安四年，元朝至元十八年）。由於元軍受到颱風襲擊以及登陸九州地區之後遭到日軍的頑強抵抗，均在付出慘重損失之後大敗而回。日本因此將颱風稱為「神風」，「神國思想」由此濫觴於日本，一直影響到二戰結束。

另外，還有所謂「露寇事件」，發生在江戶時代後期的文化三年（一八〇六）至文化四年（一八〇七）之間，魯西亞帝國（即俄羅斯帝國，日本稱俄國為「露國」）與日本樺太（庫頁島）地區的軍事摩擦事件。因為日本幕府斷然拒絕俄國所提出的通商交易要求，因此觸發了俄國派艦隊砲轟並入侵日本北方蝦夷地（今北海道）擇捉島（今為俄羅斯占領）的軍事行動。結果，由於日俄軍事力量上的懸殊，俄國取勝，日本失利。但是，「露寇事件」最終還是通過外交談判得以平息，俄國也未取得對日通商的權益。

從那之後，日本開始意識到來自北方俄國的威脅。日本之前的海防一直將重點放在南部的九州地區；歷經「露寇」的來襲，使日本開始察覺必須強化國防體制的重要性，卻也因此進一步深化日本的「祖法」，即傳統的「鎖國」政策與「尊王攘夷」的思想。

日本一直憑藉著大海這個天然屏障，相對而言容易保持鎖國自守的政治態勢，但仍不足恃。「露寇事件」後約五十年，又發生「黑船事件」：江戶晚期的嘉永六年（一八五三）七月八日，美國海軍准將馬修．培里（Matthew

Perry）與祖·阿博特（Joel Abbot）等，率炮艦（黑船）強行駛入江戶灣的浦賀與橫濱；在美國的武力脅迫之下，幕府接受了開港的要求。於翌年三月三十一日，在神奈川與美國簽訂了「日美親善條約」（也稱「神奈川條約」），日本被迫同意開放下田（今靜岡縣東南部）與箱館（今函館，北海道西南部）兩港口，美國享有最惠國待遇。之後，英俄等國列強也強迫日本簽署與此相類似的條約。

日本從此被西方列國打破了「鎖國」的狀態，之後引發了「倒幕運動」，江戶幕府走入末路。慶應三年（一八六七）十一月九日，第十五代將軍德川慶喜將政權歸還明治天皇，史稱「大政奉還」。翌日，天皇敕許。自鎌倉幕府以來約歷時七百年的武人政治，由此宣告終焉。

明治天皇為了達到「富國強兵」的目的，開始實行吸收西方的先進制度與技術，這就是所謂「明治維新」的大改革。通過與西方列強的交易與往來，日本得以迅速現代化；經由「維新」的改革，後來在「日清戰爭」（甲午戰爭）與「日俄戰爭」中取得勝利，躋身於英美等列強之列。

這樣的成績，也促使日本後來吞併朝鮮與琉球，乃至昭和初期侵華戰爭以及太平洋戰爭的全面勃發，日本的「神國思想」與「大和魂」到達空前絕後的復活與高漲。隨著於二戰失敗之後，日本歷史上第一次被外國「占領」，重新確立了以俯首於美國傘下、以天皇為國家象徵的民主（憲政）社會新體制。

回到隱元東渡時的江戶時期，當時日本人對中國人的態度，自然要比他國來得寬容；這是因為，在地域以及人文與宗教等各方面，日本歷來與中國息息相關，所以保守的幕府政權相對比較重視中國來的移民。

自唐以來，日本按傳統慣習，仍稱明朝居民為「唐人」，來自中國的佛教僧人則稱為「唐僧」，以區別與本國的民眾與僧侶。至今，我們仍然把在日本或歐美的中國商業區或居住地稱為「唐人街」；可見，這並非是日本人的造語與專稱。

日本自戰國時期的豐臣秀吉等武人政權時，開始從西方國家購買洋槍、洋炮，並由此傳入天主教，還有以最早來日本的荷蘭人為主（當然也有法國、西班牙等國）的西醫學、與航海，乃至建築、天文、地理等的先進知識與技術，日本人稱之為「蘭學」。

到了德川幕府治下時，其對天主教十分排斥，彈壓與傳教士以及信徒的迫害十分殘酷。在長崎地區，限制西方人只能在出島等狹小區域居住，並加以嚴格監視，限制與一般民眾往來；據說，只允許日本的藝妓等特殊職業的人員出入外國人居住區。當然，在長崎的中國人因為信仰佛教，在客觀上可以削弱天主教在長崎的宗教勢力；因此，與其他外國居民相比較，唐人的地位相對較受善待。

隨著明末中國人的大量移住，日本設定了「唐通事」。所謂唐通事，即是長崎行政機構奉行所管轄下的基層官僚，掌管所有與中國往來的一切事務。具體事項包括通譯（翻譯）以及來航唐船的管理等，其主要內容是商業貿易上的帳簿以及相關文書資料，還有唐人的社會生活秩序與住所（唐館）的信息等。當然，由於唐人移居者的增加，唐通事一職作為管理唐人社會與精通中國事務等方面的重要官位，在長崎奉行所（行政中心）乃至德川幕府中顯得格外有舉足輕重的作用。

明末清初時期，福建籍出身的人來長崎移居的最多；因此，唐通事之職，福建人占了大部分。尤其是以彭城氏家系為始祖的劉一水（福州府長樂縣籌港出身）、以林・官梅氏家系為始祖的林公琰（福州府福清縣錢林村，今港頭鎮前林村）等，世代擔任長崎唐通事一職。隱元東渡之際，唐通事則為筆頭檀越，如前文所述。

隱元東渡後的前期弘法事蹟

接下來，本節擬敘說隱元東渡長崎之後的傳禪具體情狀。

長崎的「三唐寺」，即上文所說的「興福寺、崇福寺、福濟寺」，雖然因為移民的籍貫而各自結成檀越團體，招請地緣比較近的僧人東渡來住持傳教，但三寺在長崎的唐人社會中，保持著和睦共處的緊密合作關係。

我們回顧一下興福寺逸然與眾檀信在懇請隱元東渡時的書函內容便可了知。在列名的十三名大檀越中，大通事潁川官兵衛（陳九官），為興福寺（南京寺）的頭名檀越；大通事潁川藤左衛門（陳道隆），則是福濟寺（漳州寺）的筆頭檀越；而通事王引（王心渠）、何高材（何毓楚），則為崇福寺（福州寺）的兩大檀越主。這些人與日本官方、尤其是長崎奉行有著緊密的關係，在長崎唐人社會中具有很高的威望。通過這些有力的檀越主疏通長崎奉行所後，得到認可，方可正式邀請中國僧人東渡來住持佛法。

住持長崎興福禪寺

日本承應三年（一六五四）七月五日晚，隱元一行的東渡船抵達長崎港，當晚在舟中留宿。第二天登岸，寺主逸然性融親率眾檀越等迎請隱元入住興福寺。即日進山門後，受眾請於法堂中開堂祝聖。同年十月十五日起，於興福寺舉行為期三月的冬安居，此次結制吸引了甚多日本禪僧，人數逾千，可謂風行草偃，一會儼然。

據《住肥州長崎東明山興福禪寺語錄》（嗣法門人性瑫編）所記，可見當時隱元入山說法的景象，其文如下：

承應二年十一月初三日，僧古石奉眾命賫外護潁川官兵衛、林仁兵衛、潁川藤左衛門、渤海久兵衛、彭城太兵衛、張立賢、何懋齡、許鼎、程國祥、高應科、陳明德、王引、何高材，耆舊如定、寺主性融等，書請師住長崎興福禪寺。於甲午年七月初六日至。
山門云：菩提路一條筆直，解脫門兩扇打開。黃檗琦上座到這裡，如何趨向？看破腳跟下，步步是如來。
佛殿云：天中之天，聖中之聖；覿面全彰，化道已竟。到這裡不禮則各各稱尊，禮則互相恭敬，即大展三拜。
伽藍堂云：護法神金湯主，百千萬劫無改；一點心肝鐵鑄，這瓣香也少不得汝，便燒。
祖師堂云：西天二十八祖，中洲為初祖。到這裡喚作甚麼？舉香云：一片香兩手舉，今古何曾有兩人。
方丈云：只者去處鉗錘佛祖，煉凡入聖之所。縱饒銅頭鐵額到來，也須三十棒。何故？觸著磕著，通身是眼。永劫受用，不忘據坐。

寺主逸然禪人同程眾等，請師開堂祝聖。師至座前拈請啟云：只這個句句珠玉，字字鉤錐；等閒一擲，萬里之外。箚著無位真人鼻孔，移向這裡跨跳一番，未審如何開交？諸人於此薦得，各各痛快不已。其或未然，煩維那一一剖判。宣疏畢，指法座云：寶華王座列聖同登，巍巍堂堂，峻峻層層，若有路可上，更高人也行，便登。

拈香云：這一瓣香，爇向爐中，端為祝筵今上皇帝聖壽無疆，伏願皇圖與佛圖鞏固，帝道共祖道齊彰。

次拈香云：這一瓣香，爇向爐中，專為大將軍威震天下，德被蒼生。人人懷雨露之恩，個個享無虞之福。

次拈香云：這一瓣香，爇向爐中，專為本嶴檀越，仁政如青天白日，德相如古栢蒼松。伏願子子孫孫永為皇家柱石，生生世世長作佛法金湯。

復拈香云：這一瓣香，爇向爐中，專為本寺外護居士長者等，伏願般若現前，照見本來無一物；見聞不昧，豁然觸處各全彰。
復拈香云：這一瓣香，爇向爐中，奉為本山寺主並僧眾等，伏願明向上一著，無欠無餘；傳臨濟正宗，如龍如虎。
復拈香云：這一瓣香，從胸中流出，第四回拈出，専為現住支那國浙江杭州府餘杭縣徑山萬壽禪寺傳曹溪正脈三十五世費隱容本師大和尚，用酬法乳之恩，斂衣就座。
上首白椎云：法筵龍象眾，當觀第一義。
僧問：黃檗山頭現瑞彩，扶桑佛日正東昇。垂機接物則不問，教外別傳事如何？
師云：一條拄杖兩人扶。
進云：不是特來呈舊面，普利人天事若何？師云：不是苦心人不知。
進云：玉笛橫吹千古調，正脈流行在此時。師云：更須一棒。

進云：謝師證明。問：黃檗峰頭聊展足，扶桑國裡沐恩光。今日請師陞座，恩光且置，如何是正脈東開一句？師云：紫氣貫山門。
進云：謝和尚答話。師云：錦上謾添花。
問：人天普集，選佛場開，祖道初行，如何舉唱？
師云：杲日正當空。
進云：與麼則相隨來也。師便打。
問：昔日黃檗，今朝興福，是同是別？
師云：一齊收下。
進云：家風原如舊，條令特來新，如何是新條令？
師竪杖云：是新是舊？
僧禮拜乃云：單傳櫛栗應群機，撥醒當人在此時；大事因緣今出現，藩風直送到長崎。到已到也，且道如何是大事因緣？

拈拄杖云：只這個無住無依，赤體條條，撐天拄地，到處逍遙，觸著磕著，圓明兩眸，生死去來，何慮何憂？若也會得，終不別求，然猶未也。山僧門頭掛彩，錦上添花，鬧熱門庭去也。祖道重光，朵朵青雲捧足下；宗風大振，飄飄一葉浪頭行。不歷洪波，焉知滄海之深曠，纔登彼岸，徹見長崎之雅風。王臣隆禮尊賢，檀信崇師重道則家齊國泰，重道則心正身修，無貢高我慢執著之心，即是真心；去偏小邪外是非之念，即是正念。正念現前，此界他方俱普利；真心畢露，人間天上獨稱尊。以此而信，是為正信；以此而修，是為正修；以此而悟，是為正悟；以此而入，是為正入。可遶法空之座，堪登不二之室。與夫從上諸老古錐無二無別，同共三世諸佛，何減何增？老僧說法已竟。若能直下承當，不妨兩手分付。

維那云：高提紅日光寰宇，大闡洪音唱楚歌。

師拈拄杖云：杖頭落處明如日，不昧通人一片心。下座。

以上即是隱元在興福寺入院時陞座說法，與眾僧往來酬答的場面。隱元來日傳禪的盛況，使得日本社會各界、尤其是思想界與佛教界大為震動。據長崎在住的儒學家向井元昇（一六〇九至一六七七年）所撰的《知恥篇》，其描寫隱元東渡時的景象如此：

隱元抵達長崎時，日本與唐人的眾多僧俗夾道相迎，車馬絡繹不絕；到達與福禪寺後的隱元，在香花燈燭的簇擁與交相輝映之下，隨著鐘鼓之聲，昂然而入。隱元的法座兩側侍者四人，右側侍者則手持高達七尺有餘的龍頭拄杖，一時僧俗圍繞，難以勝數。男女老幼魚貫而入，向隱元頂禮三拜，晝夜不絕如縷。而檀信視隱元如佛，歸依者傾囊布施金銀財物；求賜法名者，門庭若市，晝夜不斷。

由此可見隱元東渡的空前盛況；不僅在九州的長崎，隱元的名聲遠達日本的京畿等心腹要地，京都的禪宗寺院也為之震撼。當然，向井在為之動容之餘，在文中同時也流露出憤然不滿的情緒。他認為，隱元的佛法其實並無什麼奇特之處，卻無端讓他肆意改變日本佛家固有的日常衣冠儀表與禮節，此乃日本之恥辱、日本僧界之大恥也。

作為站在日本民族立場的儒人向井而言，對於異邦至長崎的高僧隱元，自然內心充滿著錯綜複雜的心緒。當時的日本禪宗界，也不敢等閒視之；尤其是當時日本禪宗的主流之一的「關山一派」禪僧，即關山慧玄（一二七七至一三六〇年）開山的京都妙心寺僧眾，開始將視線轉向在長崎開法的隱元。其中有傾心者，也有不滿者，一時平地頓起波濤。

需要一提的是，「黃檗宗」這個稱呼，是隱元創立京都黃檗山萬福禪寺、成立了以福清黃檗山僧為歷代住持宗制之後，日本臨濟宗各大宗派為了區別起見而相稱的宗號。前面說過，隱元所傳承的臨濟宗，是以師祖密雲圓悟的楊岐下天童派為正流的禪門派系；隱元本人、包括初創時期的諸禪師，皆自稱「臨濟正宗」或「曹溪正續」等，並不自稱「黃檗宗」。日本禪宗大分為臨濟宗、曹洞宗、黃檗宗三大禪門，那是後來的事情。

日本禪僧前往參問

不過，在日本臨濟宗、特別是妙心寺派的禪僧看來，隱元所弘揚的明朝禪，與宋元時代傳入日本的臨濟諸派相比較，在宗風上、禪門行持作法、乃至日常儀式等，都有很大的不同。

隱元在長崎的弘法傳禪活動，一時震動了日本禪宗界，吸引了不少日本禪僧前往參問。其中，當時正好在長崎行腳的妙心寺禪僧竺印祖門（一六一〇至一六七七年），聽了隱元的說法後銘感不已；回到京都妙心寺後，力說當時的住持龍溪宗潛（一六〇二至一六七〇年）以及禿翁妙宏（一六一一至一六八一年）、湛月紹圓（一六〇七至一六七二年）等招請隱元到妙心寺來住持禪席。

龍溪在隱元東渡三年之前，就於京都龍安寺與法友禿翁一起讀過從明國傳來的《隱元禪師語錄》，對隱元的禪法一直甚為仰慕。因此，他很願意自己讓出住持之位，拜請隱元入住妙心寺，自己則在座下參學問法。

另外，禿翁又囑託自己的法兄虛櫺了廓（一六〇〇至一六九一年）去參加隱元在興福寺最初的結制安居，以便確實了解隱元在長崎的動靜以及教法。虛櫺是當時廣島妙心寺派下禪林寺的第三代住持，出生於日向國（今九州宮崎縣），曾在江戶的東禪寺修行，為妙心寺第二一九代住持，並在一五九七年成為妙心寺塔頭通玄院的開山第一祖。禿翁讓精通唐音又深曉禪道的法兄虛櫺長老去打探隱元的虛實，其一是對隱元所傳之明朝禪的關心，其二為想確認是否值得拜請隱元到妙心寺擔任住持。

虛櫺於是專程去長崎拜會並受教於隱元。在參加結制安居之後，虛櫺按照自己的見聞與感受，給禿翁寫了信函。在信中大概說了如下幾點重要事項。首先，他說在隱元東渡長崎入住興福寺後的一個月後、即八月之初趕到長崎，與隱元相見；本想小住一段時間便離開，卻被隱元挽留，加上當時的長崎奉行（相當於現在的長崎市長）也勸他不必馬上回去，於是便在南京寺（興福寺）內住了下來，參加了冬季安居禪修，聆聽了隱元的說法，直到翌年正月之後才返回廣島禪林寺。

在興福寺住了四個多月的虛櫺，回顧參問隱元的感受與經歷，向禿翁匯報：隱元是一位十分嚴格而認真的禪師，會下的日本僧人大概有七十人左右，唐僧有二十多人。安居時間是從十月十五日正式開始禁足結制，到翌年正月十五日解制圓滿。隱元所實行的規矩十分嚴格，行持也甚是謹嚴。不過，修行期間，由於日本僧人與中國僧人彼此都自尊心很強，加上彼此語言不通，時時會產生誤解與爭執；而我（虛櫺）則夾在中間做和事佬，有時甚為難堪。現在想必已經和解，並圓滿了冬安居。其間，由於隱元東渡首次領眾安居修行，所以特別重視；為此，禪師請我（虛欞）代為管理日本僧眾；我奉命後，盡力維持日唐僧眾之間能夠和合相處。

從以上兩點來看，當時的長崎唐寺中僧人稀少，安居中只有二十多人，則說明除了隨行隱元的福清萬福寺僧人之外，在長崎唐僧的參與者則寥寥無幾。而日本的雲水僧竟達七十多人，占了七成以上，所以隱元挽留他住下，一者可以疏通並助化日本禪僧，二者虛欞畢竟是一位久參法門和頗有德望的禪僧，而且精通中國話，故在隱元主持的修行期間內可以發揮很大的作用。而虛欞實際上也有參問隱元的心願，又加上有妙心寺特使的一層身分，所以他若欲得虎子，也必得深入虎穴不可了。

總的來說，虛欞對隱元的道德與禪法抱有好感，因此在關於妙心寺招請隱元這一重大事情上，表示贊同龍溪和禿翁的看法；如果可能，也可以東下江戶城謁見將軍，以得到幕府的許可與支持。但是，這必須在妙心寺一山僧眾皆無異議的狀況之下操作。而隱元方面，已經得到俯允了；只要諸事無礙，則可正式招請。另外，若要招請隱元來山住持，所需費用必定不少，也得好自籌備不可。

此外，虛櫺在向禿翁的報告事項中，對隱元傳來的禪法等也提出了一些異議，以及說明了自身作為日本禪僧所產生的一些違和感。虛櫺表達了如下幾點：

一，隱元所倡導的山門諸清規，依我等所聞，與目前日本禪林所施行的條規有很大的不同之處。

二，南京寺的飲食是一日三餐，通常早飯與中飯吃的是粥，晚飯則吃米飯；到了下午四點又會食粥，夜間還會食用糕餅之類，並吃茶。幾乎日日如此。因一日中茶點以及六七次的飲食的緣故，唐僧中頗有大腹便便的肥胖者，這與日本禪林的飲食制度大不相同。當時的日本禪林依宋元古訓，一般早上吃粥，午飯正餐吃飯或麵食；晚飯是藥石，通常是日間勞作的僧人默默取食聊作充飢，以增補一些體力，一般晚上不再食用。虛檽長老看到唐僧的飲食習慣難免會有詫異之感。

三，在僧眾上完早課與晚課後，都會上方丈向住持大和尚行禮三拜，這是日本禪林中沒有的作法，的確是相當好的儀軌法度。不過，日中上堂說法的儀軌以及作法，卻遠不如妙心寺那樣法度謹嚴。

四，在早晚的勤行念誦之後，全體僧眾會繞堂行道，一邊不停地口念「南無阿彌陀佛」。堂內的法器，如鐘鼓木魚等的節奏拍子也與日本不同，十分有趣。不過，這些儀式作法或許很難適用於日本禪寺；敲打的聲音每天在耳邊迴盪，耳根不得寧靜。其他還有各種獨特的作法，實在難以記住，也當然無法記錄了。

五，坐禪的儀式頗見殊勝之處；但是，按照判斷，外表貌似淨土宗，內在顯示禪宗的內容。我想，也許是受到雲棲袾宏所制規範的影響吧？

六，關於隱元禪師周邊的人物，以我觀察，未有傑出之人。只聽說西堂獨應是有賢德者，其次是書記僧獨知（慧林）在中國僧中比較優秀；侍者良演的行止也可以；僧中有名喚獨湛的人，倒是工夫專一的法器。當然，我對隱元禪師也十分有好感，為人很慈嚴。其他的僧人也有些頗具才智的；不過，大凡與日本禪僧的思考方式大相徑庭，往往言行沒有世間常識，不覺得有多少可取之處。

虛櫺在給法弟禿翁的書信裡，陳述了如上的見聞與感受。他並告知禿翁，據說翌年隱元禪師的法嗣中有一兩個人會來長崎，還有福清黃檗山僧人約二、三十人跟隨而來，應該都會在興福寺內安居；等到他們來了再觀察究竟是何等人物，屆時再作稟報。

虛櫺長老的觀察還是很精微，其對隱元的人品與禪法，包括寺內所行的儀軌與中國僧人的評價也基本上如實且公允；當然，他是以日本禪僧的觀念來看待的。其中言及的西堂「獨應」恐是筆誤，與福寺內沒有獨應這個僧人，而按寺中記錄當時充職西堂的是「獨言」。言及比較優秀的兩位僧人，即慧林性機（道號獨知）與獨湛性瑩，都是隱元的得意高弟，後來繼木庵之後席，分別為京都萬福寺的第三代與第四代住持；尤其是獨湛，極力主張禪淨一致，將隱元的念佛禪更上了一層樓。這也足可說明，虛櫺果然是禪門老尊宿，頗具炯眼。

隱元所傳禪宗與日本禪林之折衝

此外，當時還有一位來自京都妙心寺到與福寺參禪的僧人，他對隱元所提倡的黃檗禪作了如下評價：

觀其家風，如有禪行；然，忽然高唱彌陀佛號，宛如淨土宗所為；忽然又結印指畫，儼然似真言宗（密宗）之儀軌。

由此可見，當時很多日本禪僧聞風趕到隱元會下參究，所見所聞的禪家作風與當時的日本禪林有很大不同。首先，在隱元的僧團中，有明朝禪所特有的朝暮口念阿彌陀佛的行持，這是當時日本禪林所沒有的作法；因此，日僧對隱元的淨土思想、即念佛往生的禪風存有很大的違和感。其次是結印指畫的作法；在明代禪林的法事儀軌中，受到密教儀軌的影響，會登上高壇，頭戴毗盧寶冠，雙手結印指畫，口誦真言密咒，還用密教鈷鈴等法器，以施食儀軌救度地獄餓鬼眾生，如放焰口或梁皇等密壇儀軌。

中國佛教至今承繼著這些明代遺留下來的儀軌，這是中國佛教繼承與發展進程中不斷取捨與融合後的重要組成部分之一。但是，作為日本禪僧的作法，原本遵循宋末元初的禪林作法；而且，當時的日本，禪門、淨土宗以及真言宗很少有交流，各守門戶，自成法度。因此，前來參禪的五山以及林下的僧人，不免會對黃檗禪深感詫異。

毋庸置疑，隱元當時東渡而來，日本禪宗為之一震。當然，在興福會中隱元膝下參學的日本僧人也是良莠不齊，還有一部分好奇者。畢竟，自十二世紀中末期到十三世紀初從宋元時代傳來的禪宗，到了十七世紀中期明末清初、隱元的時代所傳來的禪宗，其中已經相隔了三、四百年之久，中國的禪宗自身發生了變化，日本的禪宗也發生了很大的遷變；當然，變化的內容與情狀不盡相同。日本的禪宗，經過數百年的繼承與發展，有了適合自身的發展過程與軌跡。因此，兩國禪僧在長崎再度相見時，各有所牴觸與折衝也是極為自然的事；而這些問題，也成為黃檗隱元及其弟子們不能迴避、必須超克的壁壘。

日本前往明國的僧侶，一般都是外交次官階層的人，一者精通唐語，二者從宗教文化上較能與中國上層階級產生感應與共鳴，與以前往宋元禪林學禪求法的僧人情況大有不同。即便日本室町時代隨日本遣明船去江南禪林的雪舟等楊（一四二〇至一五〇二、或一五〇六年），在明州天童寺尊為第一座，也主要以學習中國浙派山水畫（水墨畫）為主要目的，並以畫僧聞名於世。

這一時期，日本的禪僧，無論是佛學禪理或是文化藝術，都有長足的進步；是否已經與明國的禪家水準在伯仲之間，作為漢人的筆者，不敢也不宜妄下定論；但是，日本禪宗的整體水準，確實已經達到了相當的高度。因此，虛櫺在給禿翁的報告書中說，妙心寺的上堂行儀比隱元的上堂要好得多，乃至認為一部分中國僧人甚為平庸云云，也未必是完全出於偏見之說。

我作為江南人，昔年去長崎崇福寺（福州寺）時，看到一些明清時代福建地區特有的當地神仙信仰的造像、如千里眼與順風耳等木刻造像時，也有一點文化上的違和感。可以說，明末清初福建的禪宗（尤其是閩東地區）帶有強烈的佛道融合特色，比如寺院中會供奉媽祖娘娘或臨水夫人等女神。看到這些的日本禪僧，也想必有很強烈的違和感。

中國僧人的宗教道德觀念乃至日常生活慣習（飲食及其起居）等也與日本

不同。包括如隱元帶去的木魚這類敲打法器，日本人起初感到很嘈雜難聽；到後來，幾乎所有的禪寺都引進使用了；到現在，恐怕日本僧人沒幾個知道木魚是來自隱元所傳黃檗宗的舶來之物！所以，新生事物的取捨還是需要時間加以考驗的！所謂「習以為常」，還需要這「習慣」本身具備「有用」的價值。

不過，世人大凡有獵奇或者好奇的心態；隱元東傳的禪法，引來不少日本禪僧，道出不少是非曲直，也不足為怪。比隱元晚到日本的曹洞宗心越與儔也是如此；當時的日本曹洞宗禪僧也蜂擁而往，一聽說法，不少人認為未必比日本洞上高僧來得高明。能具法眼的真道人畢竟鳳毛麟角，多數人都熱衷隱元與木庵等黃檗禪人的書法，視為墨寶，心越也以古琴與書畫知名於日本禪林與士林，正可說明這一種文化現象與時代思潮。

畢竟，在日本人眼中，中國是文化母國、宗教源頭。明清的禪僧有不少擅長詩文與書畫等，這種特長在禪宗世界裡雖是亞流，但在現實社會中，這些伎倆還是發揮一定的助道作用。不過，如果過於把宗教（尤其禪宗）當成文化藝術看待，說出很多與禪一如的觀點，難免有本末倒置之嫌；因為，禪道之本質畢竟是性命之學、解脫之道。世間事皆須有限度限量，適可而止，方可不礙大事；否則，一葉障目之下，難見全體。

隱元離開長崎

隱元在長崎興福寺，大概住持到日本明曆元年（一六五五）；是年八月九日，隱元受請住持攝州（今大阪府高槻市富田町）的普門禪寺。隱元在長崎弘法一年有餘，除住持興福寺外，還短期間住持過俗稱福州寺的崇福禪寺。

這是因為，當時隱元的法姪、即崇福寺的住持道者超元和尚，與當時一部分主要檀越主產生了一些矛盾；在關係難以調和的狀況下，超元一時辭去住持，讓住持位給法伯隱元，自己擔任監寺。同年八月，隱元移錫攝津國（又稱攝州）普門寺，道者再度就任崇福寺住持。明曆三年（一六五七），即非如一東渡長崎；第二年，道者隱退，讓住持位給即非。道者於日本萬治元年（一六五八）離開長崎回到福建，在興化府國觀寺駐錫。康熙元年（一六六二）年圓寂，春秋六十一。

在前文中也曾提及道者超元。早在崇禎十七年（一六四四），有福清籍禪僧無心性覺（一六一三至一六七一年）東渡長崎；他與隱元的大弟子也懶是同參好友，在得到崇福寺檀越的同意下，邀請也懶來長崎住持崇福道場。想不到，在永曆五年（一六五一）六月，也懶船破沉海。

道者是在也懶東渡途中罹難之後，應請入住崇福寺。他是福建省興化府莆田縣人，出家於漳州的南院，得法於隱元的法弟亙信行彌。於南明永曆四年（一六五〇）東渡日本，在長崎崇福寺住持傳禪，頗有德望與道譽。日本臨濟宗妙心寺派的傑出高僧盤珪永琢（一六二二至一六九三年），曾於日本慶安四年（一六五一）秋，慕名到長崎崇福寺參學，在道者會下參禪；於翌年、即承應元年三月二十一日豁然大悟，得道者印可付法，於同年七月辭別道者超元。

隱元受請入住崇福禪寺，一者是因為法子東渡未果而亡，以了也懶未了公案，所謂「子債父還」也；二者，崇福乃福州僑民的法窟，故於此弘法以滿檀信之願。隱元於明曆元年（一六五五，六十四歲）五月二十三日進寺，說法語五則，即日上堂說法。這時，在另一唐寺，即俗稱漳州寺的福濟寺，有於南明永曆三年（一六四九）來自泉州開元寺的禪僧蘊謙戒琬（一六一〇至一六七三年）住持法門。

七月七日，京都妙心寺龍溪宗潛與竺印祖門等到長崎拜請隱元往攝津普門寺住持。普門寺是妙心寺的末寺下院，也是龍溪所住持的禪剎；龍溪願意讓出法席，恭請隱元深入日本京畿地區闡揚臨濟禪旨。隱元欣然受請。初九日，高徒木庵航海而至，隱元與眾僧不勝歡喜，喜有首座助半席之力，幸有代傳。後隱元離開長崎、在普門弘法之時，木庵寓居長崎福濟禪寺。

隱元在長崎留下兩會語錄，即《住日本國西海道肥前州長崎東明山興福禪寺語錄》與《肥前州長崎聖壽山崇福禪寺語錄》。

隱元離開長崎有諸多原因。其中最主要的原因是，隱元欲避開當時長崎華人社會的錯綜複雜的人際關係；此外，九州長崎畢竟是日本西部邊陲之地，隱元意欲深入日本腹地（京畿地區）以展開弘法活動。

在長崎期間，隱元會下唐僧觸犯了長崎奉行所法規的事件，事態甚是嚴峻。此事在隱元的《年譜》與《語錄》等資料中無有記載；但在日本明曆二年，住在福濟寺的木庵在給國內法友的書簡中曾提到，其文云：

某前年為省覲之行，以本師往攝州，住止未定，故客居於崎。淹留此方，法化不成法化，甚是無聊。不知者以為此方殊特，且方人貴清不貴華，稍有利動於心，便不濟事。既到此方，無時不競競。前因有僧不作法，致疑謗紛紛。

非本師德備，則一場笑具耳。

另在明曆元年（一六五五）九月，木庵在長崎福濟寺送信給剛入攝州普門寺的隱元，信中有這樣一段敘述：

某雖未追隨杖側，苟居福濟，而祖庭法軔，未敢少弛。不遵聖意，獨此可愍。其有待則幸，幸兩寺大眾已回。雖孤立一方，而本法未嘗間關；然點檢將來，寧免無惻隱之懷，正所謂愛眾被眾累者是也。審之，去亦佳矣！蓋眾少則枝葉少，通變達宜，自能鑒明，胡待瑣瑣乎？

由此可見，在當時長崎的唐人社會中，隱元所處的複雜人際關係。因為，在中國當時動盪不安的局勢下，長崎的唐人中，有來自鄭成功水軍的貿易商人，也有擁護南明有志抗清的逸民商人，也大有趨勢投靠清廷的人，他們都有意拉攏深得眾望的隱元。此外，作為日本幕府以及長崎奉行十分敏感於當時中國不靖的局勢，也擔心隱元久居長崎、站穩了腳跟，威望過重於世，會成為凝聚唐人社會反清復明勢力的精神支柱，會在一定程度上影響日本與清廷間柔軟變通的外交政策。所以，隱元既然有意要離開長崎遠去攝州，也順水推舟，一致表示支持。

當然，也有許多唐人不希望隱元離開，比如慇勤請來隱元、並隱退於興福寺幻寄庵中的逸然，對隱元的離去流露出頗為不滿的情緒。後來，隱元在給逸然的回信（〈復幻寄逸然上座〉）中有「庶杖藜不久別還，則有如意、不如意之嘆」、「惜乎！人情未周，不免破法之患」云云，以表自己在去留兩難之中抉擇辭去的苦衷。

然而，作為年近六十五歲的隱元來說，也深知如此久羈長崎一隅，徒增是非長短而已；時不待人，光陰可惜。如此苟安於長崎，終究無益於東渡傳禪大事，應將大法傳入日本中心地區的京畿與幕府所在的關東要地；況且，欲轉大法輪，須得人王以及重臣乃至萬民等歸依援護，方可大展宏圖。

若從後來黃檗宗發展的軌跡來看，隱元的選擇是十分有魄力且有遠見的。所以，在妙心寺龍溪的延請下，隱元決定去攝津島上的禪門名剎普門寺出任住持，以圖將來進一步面向日本社會，開展弘法利生的大事業。

而對妙心寺的龍溪來說，十分希望隱元能以入住普門寺為契機，作為日後晉升京都妙心寺的一個重要轉折點。當然，萬事成就與否，雖事在人為，然皆有因緣際會，即便盡了人力也未必全從人願；所謂前途總是光明，但道路還是多艱多難的。

在《隱元禪師年譜》「明曆元年乙未」條中記道：

七月七日。竺印賫龍溪禪德書，請師住攝州普門寺。師曰：老僧年邁，涉洪波以踐長崎，足矣！冬欲回唐，待其殘喘，那堪凌寒跋涉，又遠應乎？竊惟本嚳大檀竭誠讚揚，兼禪德連簽，稟上真心，為法似難卻之，隨（遂）與竺印決焉。

關於竺印賫來的龍溪請啟，其內容茲借用林觀潮博士的大作所記轉載如下：

攝州普門禪寺住持比丘宗潛炷香展拜，謹奉言於黃檗和尚大禪師金猊下：恭惟大禪師轉臨濟正宗，董黃檗雄席，平昔為二萬指之犀顱被圍繞。潛雖不明（敏），竊知宇宙無雙日，不意法旆忽入吾國。吾國近古不聞正師之來朝，不見衲子之遠遊，有志之士，無不嗟歎。豈知而今法運復古，佛日回光，所謂如優曇華，特一現耳。欣幸可量！伏願香駕早到邦畿，雷化遍行四裔，至祝至禱。如吾普門，無殿堂之設，無寮舍之區。破屋數椽，纔庇風雨，準稽古寺之風穴焉。然若潛等者三四輩，希望大法，不顧軀命，豈愧室廬之陋，不申素志之誠乎。庶幾尊慈昭此鄙懷，速賜光降。宗潛無堪激切屏營之至。稽顙稽顙。明曆元年林鐘吉旦，進上黃檗和尚大禪師金猊下。小比丘宗潛和南拜隱元接此請啟後，在難以推辭下，決定接受招請，於是回書如下：

復龍溪、禿翁二禪德請住普門寺書

七月七日接竺印上座賫禪德書，以普門寺見召。然老僧老矣，風燭不定，寧能效遠祖風穴之高風。欲圖重望，非其志也。蓋為本嶴二檀越慇勤讚揚，兼以竺印破夏來迎，誠心可知，似難卻之。又聞諸公連簽稟上，為法忘軀。默識濟下有人，必能繼志之者。東方現瑞，內祕出興，可起三百年前之祖風，而正法眼藏重明必矣。老僧雖老，亦必勉強而行，姑應誠信之招，以滿普門弘願。其歸期已面諭竺印，聽老僧自便。先此附聞，後集之舉，定在桂月，草草不盡。乙未孟秋下旬，寓長崎興福老僧隱元書復龍溪禪德收目。

隱元前往攝州普門寺

隱元接受龍溪等人的相請後，夏安居已近尾聲，興福寺於七月十五日解制，崇福寺也於二十四解制。遂於八月初九日上堂辭眾，宣告應普門請故，將離開長崎，望山內大眾為法珍重。是夜往諫早鍋島，信濃太守命舟迎接渡江。

八月十四日至豐州臨濟宗妙心寺派疊秀山開善禪寺（今福岡縣北九州市小倉南區湯川），此寺乃南宋東渡高僧大鑑禪師清拙正澄（一二七四至一三三九年）所開創的禪窟；正澄是福州連江人，可算得是隱元的福建同鄉。於是駐錫留宿，聞名前來瞻禮者盈門。十六日乘舟至下關（今山口縣），因遇上大風，欲待風息，在八幡宮前登岸就宿。第二天早上偶於斯地得閱西湖圖（杭州西湖為古時日本畫家所迷戀，多有畫作，實際上大凡都未到過西湖），不由長嘆曰：諒此生不能再到西湖矣！翌日晚上，一路順風抵達防州上關（今山口縣東南）。

九月初五隱元一行至大坂河口，恰好逢上高麗國朝貢至，觀者如雲；隱元等不及登岸，遂換乘小舟沿河而上。翌晨抵達攝津，龍溪大德率大眾迎接，禿翁禪德隨後繼至拜見，迎入普門寺。隱元於寺中說偈示眾云：

無端昔日降凡胎，惹得娘生滿面埃；
四海五湖浴不淨，翻身挨入普門來。

語音剛落，忽有靈鳥飛翔而至，遶座數匝後，停在屏風上頻頻鳴叫，然後悠然飛出法堂。會下大眾驚歎稱奇，何異鳳凰來儀之瑞！是晚，遠近鄉民俱來仰瞻，彩雲掩映古寺，似顯師資契合、祖道東興之兆。

隱元由於出師順利，並隨後可望入住京都妙心寺。那時，隱元東進之事名噪遐邇，關東一帶也風行草偃，廣為人知；隱元於是欲喚國內的高徒即非如一早來扶桑，屆時下江戶弘法時，以助法化。

不過，天下好事常多磨。隱元入住普門寺之後，由於國內外以及佛教界情勢多變等種種原因，隱元的弘法活動受到阻礙，將近一年處於軟禁狀態。後來隱元回顧普門住持時嘆息道：「（長崎）片席未暖，又臨普門，亦有自由不自由事。」而龍溪、禿翁、竺印等策畫入住妙心寺一事，計畫於翌年十月迎接隱元造訪妙心寺，以籌備入住之事宜；然而，後來因為寺內派系中一部分長老的反對隱元接任而受挫。

當時在妙心寺內塔頭派系分成四派，即龍泉派、東海派、靈雲派、聖澤派。此四派中的聖澤派，德高望重的長老愚堂東寔（一五七七至一六六一年）首先提出異議，反對以住持之禮迎接隱元入山。據後來妙心寺方面記載，當隱元將到妙心山門口之際，對如何接待隱元之事，議論鼎沸。愚堂指示高徒大疑和尚對入山中的隱元說：吾山乃一流祖道相承之地，既不去他山住持，也從不迎他山別派之僧來住，此乃祖規鐵則。隱元回答：關山有此法語否？若無，難以為憑。大疑酬答曰：關山（妙山寺開山祖師）已有柏樹子話頭，何用再求其他法語！隱元猛遭此一棒，更是墜失言句，於是拂袖轉身離去，之後怏怏徑直返歸富田普門寺。

關於隱元來訪妙心寺的行程，妙心寺派著名學僧、竺印祖門（一六一〇至一六七七年）的法嗣無著道忠（一六五三至一七四五年）在《黃檗外記》中寫道：

東叔云：隱元上京，先來到仙壽院。其時從町之等持院前面的大路，一行人穿過田野集體走來，有引磬敲打前導，觀者多如雲霞來聚。在仙壽兩宿，然後進入妙心寺，路過退藏院，拜覽開山塔作頌。後來龍華院三宿，遂歸富田。

（援用林觀潮著作中文翻譯）

而在《年譜》中，也有如下記載：

孟冬，禿翁、竺印二禪德請遊京師仙壽、龍華二剎，次過妙心，入南禪禮大佛，歷東福，各有偈言。

其中未提妙心寺請住持之事。不過，受挫的隱元一行，並非如妙心寺所說那般，徑直打道回府，而是在竺印的龍華院小住三日，順便還巡拜了名剎南禪寺與東福寺。只是，隱元入住妙心未果，不但龍溪與竺印等感到難堪甚至悔恨，隱元也定是深感徒增一場敗蹶之惆悵。

如果沒有山內愚堂一派等強烈反對，讓隱元得以住持正法山妙心寺的話，稟承虛堂智愚（一一八五至一二六九年）所傳「應燈關」的臨濟宗妙心寺派所崇的松隱派禪，則有可能轉為天童密雲與費隱為源流的中峰派禪門，妙心寺的歷史乃至日本禪宗史都得改寫了；如此的話，也許就沒有後來隱元於京都創建黃檗宗大本山黃檗山萬福寺之事。塞翁失馬，焉知非福？當然，歷史已成定局，假設總歸只是假設。

普門寺之軟禁與轉機

既然住持妙心寺的事已成泡影，隱元回到普門後，安頓下來，慢慢尋求東進之機緣。但是，令隱元想不到的是，自那以後便受到軟禁，將近一年不許外出自由傳教，這與當時中國的動盪局勢有關係。

隱元搭乘鄭成功的船而來，所以被當局懷疑與對抗清廷的軍事活動有關。這種嫌疑，不只是隱元，以前蘭溪道隆（一二一三至一二七八年）東渡後，也因為蒙元與南宋的戰亂，一度被懷疑成間諜，而曾經從鎌倉被流放並軟禁在甲斐之地。這種被監視的為難處境，在他給國內弟子即非的回信中可略知一斑：「茲應普門一載，閉門接機，閒殺片舌，與少室面壁無異。」而於此同時，隱元判斷，讓準備東渡的即非暫時在浙江台州與溫州一帶待命，等局勢好轉再作決定。

此時，清廷為了安撫民心，緩和民族之間的矛盾以及削弱南明殘部抗爭的意志，積極拉攏江南禪林的高僧，敕令他們上北京面見清帝，在金殿上說禪，或賜紫衣與禪師號，或拜為國師，天童密雲一派的高僧也不例外。在恩威兼施的政策下，禪林高僧也表現出各種姿態；隱元便屢屢叮囑即非等門人，不要捲入是非之中，力求自守清白。隱元讓重要的門下弟子尋機東渡，很明顯是抱著反抗異族滿清統治的心理。

據《年譜》中所記：

師到普門，四方道俗，疑信相半，是非蜂起。師曰：鼻祖西來，有服毒之事，蘭溪東渡，有流言之謗。古人尚爾，而況於今，無足怪矣。

面臨流言誹謗，隱元還是以古教照心，保持鎮定的心態，如其曾在《年譜》中記道：

然隆師已住十五星霜，王臣加獎，亦有無根訕謗之事；況師入國一載有餘，人境未協宜乎！人信不及，未免煩言之論。嘗達磨西來，中華不但煩言毀訾，更有服毒之者；若非斷臂一接，寧有今日之事乎？預知此者，八風扇而不動，真為洪流砥柱，像季金湯可起佛祖之道，重振臨濟之宗必矣。否則徒費其力，無補於道，曷足為善？倘有一個半個知師，諒不至虛涉洪濤一番矣。

儘管如此，隱元也有忍無可忍而起憤然之情的事，這在隱元方面的文獻資料中沒有記錄，在妙心寺無著道忠的《黃檗外記》中則有所涉及，其中記道：

隱元住攝州富田普門寺時，高槻城主貪其墨跡。古畫有贊者，城主截去上贊，新續別紙請贊。隱元曰：此必古人有贊，我不應作。遂不贊。城主怒，托曰：明僧新來朝，其所為可疑。即遣吏守普門寺寺門。隱元怒曰：我歸支那！自杖拄杖出門邊，大衆強止。

之後，隱元身邊的隨行人員受到嚴格限制，高徒木庵也只得幽居長崎，來訪求見人士也頻頻受到無理阻攔；可見，隱元在新的環境下，承受著沉重的壓力；於此同時，也可見隱元老人不畏強暴、不懼淫威的耿直不阿性格。當然，隱元畢竟是得道的禪將，依舊耐煩做事，在可行的範圍中努力接衆，隨緣弘化。

不過，終如老子所言「禍福相倚」之言，「危機」中亦有轉機。在困守一年之後的明曆二年（一六五六）五月，經過竺印、龍溪、禿翁等妙心寺僧衆的不斷調解與助言下，江戶幕府下官牒告知，軟禁得以解除，普門寺住持也得到公認。

同年七月二十六日，江戶幕府在龍溪等敦促與周旋之下，再下一道公文，放寬隱元以及門人的活動範圍與出外活動期間，在一定限制的情況下，允許隱元往京師等要地出行弘法，也允許日本僧俗人員到普門禪寺向隱元請法，開放欲往普門寺參學者；其聚集人數雖有所限制，仍提供了相對比較寬裕的宗教活動的環境和條件。由此可見，龍溪等日本禪僧在皇室與政界有著很強的影響力。

此真可謂轉機在危機中出現，隱元在普門寺中的弘化，受到的外部限制越來越少，這是因為得到了德川幕府重臣前京都所司代板倉重宗的信任與歸崇。在隱元的《黃檗和尚扶桑語錄》中，稱板倉重宗為「防州太守」或「羽林次將」。板倉與隱元初相見於普門福元禪寺中的情形，見於《普照國師年譜》中的「明曆元年（一六五五）」條中：

孟冬十有二日，羽林次將板倉防州太守謁見。謙恭致重，恨見之晚。答問來由一篇。以燭菊為供二偈答之，有「剔起中心開正眼，祖燈璨爛徧娑婆」之句。

由以上內容可以推知，板倉到普門寺拜訪隱元，很可能是受了幕府德川將軍的命令，名為上香請益，實是特來打探隱元的來日之目的以及在攝州教化的虛實動靜。初次相見，板倉對隱元的慈祥與言教十分讚揚，有相見恨晚之感。其中所言「答問來由一篇」，有記於隱元的《黃檗和尚扶桑語錄》之中，其文曰：

孟冬十有二日，板倉防州太守謁見。問老僧來由之意。恐傳者不備，遂書一篇，以便玄覽。茲來者因五年前長崎緇素敦請也懶首座不果，仍請老僧，即修啟書辭謝。

夏間托船主再聘，未許可。適癸巳冬，興福寺主逸然差僧古石親造黃檗，致
禮投誠再四。恐負遠來之誠，乃許之。蓋聞日國王臣宰輔信道之篤，而長者
檀信奉法之誠，老僧雖邁，必遂其願。於五月初十啟行，七月初六進寺，乃
上堂祝聖福國庇民之意。
冬結制一期，今夏應崇福請，以了也懶公案而滿檀信之願，彼此周足。抑見
老僧普被也。聞有是非真偽之論，出自好惡之口，則有年譜錄出，以息其疑。
上士一覽，了然無惑。老僧審勢，正道難行，欲回唐山以待殘年。不意竺印
上座賚龍溪、禿翁二大德書至，敦請老僧住普門，辭意誠切，兼破夏而來，
為法可知，似難卻之，乃與竺印決焉。若聽老僧去住自便，雖老亦必應之。
印曰可。即與同行，直抵普門。
蓋主賓契會，千古一遇，非偶然也。或法道行否，聽其因緣，豈固必乎？太
守云：貴邦廣大，恐此土狹小，不稱師意。

老僧云：或邦有道，雖小亦大，邦無道，雖大亦小，能大能小，可方可圓，在乎道德，不在廣狹也。言而後信，德之微也，感而後應，誠之至也。野有太古之民，國有忠信之士，掛瓢寄錫，必也無虞。若夫摧邪扶正，令法久住，法護之力也。窮極根源，超脫生死，參究之功也。非正眼圓明，生銕鑄成漢子，維持個事，不唯行之難，而知之不易也。倘有大機利器，堪托斯道，起三百年之祖風，以報佛恩，是老僧之本懷也。

由上文可知，隱元針對板倉重宗的「貴邦廣大，恐此土狹小，不稱師意」一句，慨然答之，所謂邦之大小，在乎祖道之有無，在乎道德之存亡，無關於國土疆域之廣大與狹小。或應該說，板倉如上一語甚為犀利；因當時明國已為滿清所滅，對國破離亂的隱元來說，有著難以言狀的切膚之痛。但是，隱元凜然從容對答，並有「起三百年之祖風，以報佛恩」之豪語，顯出昂昂藏藏之禪將氣概，令太守為之折服。

據《年譜》等中所記，十月十九日，板倉再度來參訪，並特在普門寺設齋供眾，以示問道歸敬之誠，並與隱元有如下一段酬答：

十九設齋打茶，親奉致敬。敬茶畢，至丈室，問：和尚住靜，坐禪時有石自平，深奇特；路中來，還見有奇特事麼？師云：禪門下不作奇特，但要人明心見性成佛矣。

然奇特神妙，小乘之事，非大道也。前坐禪默祝之誠，卜其向後大道行否，偶有見徵，誠之所感，非奇特也。然今日一會，有大奇特事，還信麼？太守大笑。師云：一盞清茶能醉人。乃別。蓋太卓識過人，一見了然，如夙識之者，不唯正信之篤，亦盡師資之道。乞取法名為佛弟子。師取名曰性空，字獨真，乃詠之曰：世間皆曰偽，唯子獨云真；不笑性空理，如何識此人。昔寬元間有宋國蘭溪道隆禪師來日國，住三十三載，建長開山，演法三大名藍。上皇聞隆道譽，召見隆。隆奏曰：夙緣深厚到扶桑，忝主精藍十五霜；大國八宗今鼎盛，建禪門廢仰賢王。上皇嚮隆有護宗之志，三年後還建長。因有流言之謫，乃曰：偶惟於讒誣而狎於羯獠，是我弘道之素也。天龍豈有意於此乎？後又住於龜谷，亦有六群之黨，謗吻未合。再行甲州。然隆師已住十五星霜，王臣加獎，亦有無根訕謗之事；況師入國一載之餘，人境未協宜乎！人信不及，未免煩言之論。嘗達磨西來，中華不但煩言毀訾，更有數次服毒之者；若非斷臂一接，寧有今日之事乎？預知此者，八風扇而不動，真為洪流砥柱，像季金湯，可起佛祖之道，重振臨濟之宗必矣。否則徒費其力，無補於道，曷足為善？倘有一個半個知師，諒不至虛涉洪濤一番矣。

由上可知，板倉與隱元一見如故，茶席片言，已有靈犀之通，頗有相見恨晚之感；隱元也甚讚許太守之膽識，乃應其請，收其為在家弟子，已成師資道合。又引宋蘭溪禪師以及昔時達磨祖師之典故，來喻今日隱元禪師雖暫處於一隅之困境，日後必有振丕祖道之因緣時節。

板倉的歸依，對解除隱元及其門人的監視、以及日後得到幕府的支持，能進出關東弘法乃至開闢京都黃檗山萬福寺，建立與臨濟、曹洞相鼎立的黃檗宗，在外部環境的提供以及得以上層社會護持等諸多方面，皆產生很大的助緣作用及因勢轉機的意義。

據《年譜》記載，是年仲冬初四日，太守同寺主龍溪等連名投書啟請隱元開堂說法，再三慇勤懇求；隱元感其誠，乃於即日陞座開堂祝聖，為大眾說示禪要。板倉等的具簽啟請以及其說法內容，可參考《住普門福元禪寺語錄》，於此略之。

龍溪擁戴，將軍召見

當然，好事多磨，忍過堪喜。上面已經提到，明曆二年（一六五六）秋，由於妙心寺的內部阻力，隱元的晉山入住受挫；失意之餘，一時有歸國之念；在住持龍溪極力挽留之下，暫且留滯。龍溪表示，願親自出面去說服幕府，創建一大新寺，來迎請隱元弘法。龍溪並毅然辭去妙心寺住持一職，並願在隱元座下嗣法、執弟子禮，由「宗潛」之名改為「性潛」，而成為黃檗法席下一員重要的禪將。

龍溪在日本皇室與幕府中具有一定威望，他的徹底擁護以及無私獻身的舉動，對當時日本佛教界乃至在日本社會各信仰階層中都產生頗大的震撼作用，隱元的道譽也隨之聞名遐邇。毫不過分地說，如果沒有龍溪的改宗與追隨，恐怕正如隱元的詩句所言：「收拾芒繩歸去好，蓬萊又減一頭陀。」如真的歸去了隱元一頭陀，那就等於不可能有日本黃檗宗的出世了！從這個意義上而言，龍溪的投奔，一舉扭轉了以後日本禪宗的走向與格局，為日後隱元的建寺立宗先奪一旗，斯功偉哉！

在龍溪的擁戴與力薦之下，隱元於日本萬治元年（一六五八）終於得到江戶德川幕府第四代將軍德川家綱的召見。當時幕府重臣出羽庄內第二代藩主酒井忠當給隱元致回信云：

杳俵高風，幸惠手簡。且被寄語錄一部，金扇一柄。錄可以代清話，扇可以拂俗塵。

其志之篤，謝而有餘。常冀一接芝眉，今般依執政之旨，而東遊之事，可以怡悅。

黃金一葉，聊呈寸丹，笑納惟幸，餘附面佈。七月中旬，空印。回覆隱元老禪猊座下。

又據《年譜》「萬治元年（一六五八，戊戌）」條中記云：

七月，寺主（龍溪）江府回，延師彼中行化，師力拒之。堅請至再，勉從其請。

九月六日（普門）啟行，夫馬皆從上發也。十八日至江府，寓天澤寺。士民參謁，無地以容。師毋論貴賤，以平等慈接之。
十一月朔旦，國主延見於西宮。未幾辭回，承賜衣金，師為放生，作福用綿國祚。酒井空印閣下值考遠忌，延師至長安寺拈香，問法要；又稻葉美濃守閣下剏（創）養源寺落成，請為世尊安座；次過海福寺，獨本上座請師為開山，示以偈。廿八日離天澤，雲谷大德延至紹泰寺。
臘月八日，抵參河州，水野監物居士接入城，留宿，問答機緣一則。十四日到普門。師向有相州鎌倉禮塔之念，時逼歲暮，不果。乃作東渡諸祖讚十二則，以表同志也。

從上述文字可知，龍溪為了留下隱元在東瀛弘法，到江戶城為隱元遊說於幕府；不僅是德川將軍家，而且還在諸地藩主之間周旋運動，如上文所提及的庄內（今山形縣鶴岡）第二代藩主酒井忠當、以及美濃守稻葉正則等德川家綱下的有力幕閣。

早在兩年前的明曆二年，也就是隱元欲往京都妙心寺住持的時節，就與酒井等有所交流。文中所提到「值考遠忌」云云，則是酒井忠當的父親酒井忠勝的十周年忌日；酒井忠勝死於十一月十三日，特請隱元入長安寺（妙心寺派，今東京都台東區谷中）拈香。酒井忠則在回信中所言「且被寄語錄一部」云云，也許不是隱元本人的語錄，而是明曆三年春所印的徑山費隱所著《五燈嚴統》一部；同年，隱元在日本又重刻了密雲與費隱的全錄。

而隱元寓居的天澤寺，即現在的東京都文京區湯島的有名的妙心寺派禪剎天澤山麟祥院，此寺為第三代將軍德川家光的乳母春日局的菩提寺；明治時代東洋大學的創建者哲學家、教育家井上圓了（一八五八至一九一九年）借寺中一隅創立了哲學館，而成為東洋大學前身。

至於稻葉正則請隱元為世尊安座的養源寺（妙心寺派，今東京都文京區千駄木）是其父親稻葉正勝於日本元和二年（一六一六）所創的禪寺，正勝的生母就是德川家光的乳母春日局。

文中所提到的海福寺，山號為永壽山，由新川仁右衛門開基，寬永五年（一六二八），僧道安作為真言宗寺院創建於東京深川。道安於正保四年（一六四七）將寺轉讓給法友獨本性源（一六一八至一六八九年），而成為曹洞宗寺院。後來，獨本得法於隱元，於萬治元年隱元來江戶謁見德川家綱時，得幕府公許後，獨本恭請隱元為開山第一代，自己為第二世，就此成為關東最古的黃檗宗寺院，歷代得到日本諸大名的護持。明治四十三年（一九一〇），寺院遷移到了現在東京都內的目黑區下目黑。

文中可見，隱元於歲暮沿東海道回普門寺，因為沒有時間折道去鎌倉拜祖塔而權作《東渡諸主讚》十二則，以酬報法恩。鎌倉是宋元東渡高僧蘭溪道隆、無學祖元（一二二六至一二八六年）、西磵子曇（一二四九至一三〇六年）以及一山一寧（一二四七至一三一七年）等臨濟宗高僧駐錫弘法、開宗立派的佛教聖地。

據黑板勝美所編的《德川實紀》中記云：「（萬治元年）十一月朔日，隱元寄寓於湯島天澤寺，以應召見。由普門寺龍溪、妙心寺內禿翁以及通詞（翻譯）一人陪伴隨從於後。當隱元等於大廣間（大客廳）內等候時，由執政的數人出來傳達翻譯，此時與寺社奉行先達等到（將軍）御前。隱元身著黃色法衣，左手持坐具與念珠，右手執拂子而入。（於將軍座前）奉獻襴緄二卷、線香百盒、唐墨十六梃；其次龍溪進獻《黃檗和尚華語錄》六冊、《隱元扶桑錄》五冊以及唐扇兩把；禿翁奉上椙原一束而退。」（原日語，筆者譯）日本官方的文書十分如實地記錄了當時隱元等謁見江戶幕府德川將軍時的情狀。

也由此可見，隱元之所以能在日本社會最上層活動得遊刃有餘，與龍溪與禿翁等妙心寺派名僧有著密不可分的關係。尤其是龍溪投入隱元門下之後，諸國大名因此而對隱元刮目相看、倍增敬意。在隱元東下江戶的一年前，在龍溪的周旋下，幕府表示出對隱元在日弘法的援助之意。在《年譜》「明曆三年（一六五七）」條有：「八月，寺主（龍溪）江府回，陳上意且賜僧糧，留師弘法，師不得已，許之。」後來，日本第一〇八代天皇，即後水尾天皇政仁（一五九六至一六八〇年）也歸依隱元，並接龍溪和尚的黃檗宗法脈，而成為法皇，僧名圓淨道覺。

京都宇治黃檗山萬福寺廣大的土地，原本是後水尾天皇的母親（中和門院）近衛前子家的領地，後來幕府收回，再施與隱元作為建寺之用。而伽藍的大部分殿宇，則由天皇的中宮皇后德川和子（東福門院，德川家康的孫女，第二代將軍德川秀忠的五女）發願捐贈。所以，黃檗山萬福寺可說即是當時的皇家寺院。因此，萬福寺開山堂松隱堂的大瓦以及帷幕等，均使用象徵皇家的菊花紋；而萬福寺庭園內的那口圓井則稱為「中和井」，以此來紀念大施主後水尾天皇之生母中和門院近衛前子。

以此勝緣故，在寬文十三年（一六七三）四月三日（陽曆五月十九日）隱元八十二歲圓寂後的翌日，後水尾天皇特謚隱元「大光普照國師」之號。而在黃檗山內，在後水尾天皇御崩的延寶八年（一六八〇）八月十九日後的每一年舉行莊嚴的「法皇忌」法會，現在山內定於每年九月十八日至十九日舉行。

從江戶幕府回普門寺後，隱元的道譽與日俱增。從《年譜》「萬治二年（一六五九，六十八歲）」條中的記錄可知，是年元春，隱元在侍者獨照等陪同下出遊京都。先到峨山直指庵，然後至西方寺拜謁被尊稱為「七朝帝師」的臨濟宗高僧夢窗疎石（一二七五至一三五一年）的頂相。過天龍寺後，訪高雄山謁弘法大師空海勝跡，並登臨愛宕山，瞻仰清涼古寺的栴檀釋迦瑞像，皆有詠頌；示偈與駙馬太尉近衛基熙大納言以及藤資慶烏丸大納言。

二月，應請為青木端山居士新建寺院主法安奉佛座，並為之題寫「佛日」匾額，以示佛日重光之意。之後，又蒙永井信齋居士備舟，邀請同遊宇治，宿寶林寺，登朝日山，禮石大士，過平等院後，回棹至居士之別業（山莊），居士請示禪法，隱元應機開示生死大事之津要，臨別又贈偈語。繼而往興聖禪寺，題贊開山道元禪師頂相。是年九月季秋，應大坂秋野信士之邀，遊天王寺，瞻禮佛舍利與聖德太子遺物。並受請三鎮主（安部攝津守、小濱民部正、彥坂九兵衛）而赴齋，並示法語。

隱元在這一年中，應機教化於京畿僧俗，同時也隨緣開示門下諸子以及回覆來自家鄉福唐善信的問法信函等，忙於內外之應酬與法務，隱元在日本社會的影響不斷擴大。隱元東渡時原本答應留住三年，在徑山的恩師費隱以及國內緇素此時也不斷催隱元歸來，隱元本人當然也是思鄉情篤；但是，此時在日本的法運已見大轉，隱元忖度內外形勢，覺得無需再作歸帆之計，此也所謂隨緣不隨意，依法不依人也。隨著隱元道譽日盛，建寺立宗的足音也越來越近了。

日新月異，倏忽又過一度星霜，到了萬治三年（一六六〇）庚子，隱元年屆六十九歲，到日本也一晃將近六年，隱元依舊在扶桑隨緣度眾，深得人心。是年秋，木庵由長崎來省覲，隱元僧團如虎添翼，鴻圖大展，來年可指矣。

是年冬至，攝津國麻田藩第二代青木甲斐守重兼（號端山）於北攝州豐中（今大阪府池田市畑）開創摩耶山佛日寺。佛殿落成，安奉由來自明國范道生所造本尊釋迦如來像（與黃檗山萬福寺本尊同作），遂恭請隱元為開山第一代。

翌年寬文元年（一六六一）重兼五十五歲時，請隱元的法嗣慧林性機禪師（黃檗山萬福寺第三代住持）為第一代住持，後拜請隱元的法孫黃檗山第五代住持高泉性潡（一六三三至一六九五年，慧門如沛法嗣）、隱元法孫慧極道明（一六三二至一七二一年，木庵法嗣，法雲寺開山，山口縣萩市東光寺開山）等名僧前來住持，成為黃檗山重要的末寺之一；伽藍廣大莊嚴，為黃檗宗在北攝之一大禪剎。

古稀之年開創京都黃檗山

由於龍溪等妙心寺名僧的周旋力薦，隱元允諾了德川幕府的慇勤挽留之誠意；加上有力諸國藩主的歸依與護持，門下有力弟子的助化，隱元在日本開山立宗的機緣已經醞釀成熟了。

當時，幕府為留下隱元，大凡有兩個做法：一是選擇國中一大名寺請隱元住持，二則另創一大禪剎請隱元開山主法。當時，在日本重建新寺，在制度等方面有很大難度與限制；但是，因為之前有隱元在妙心寺晉山告吹的緣故，幕府經過深思熟慮後，終於決定破例特賜寺地給隱元創建一大禪剎。

早在萬治二年（一六五九）六月，幕府答應隱元在京都郊外某處賜地建寺，隱元選擇了山城國五箇庄大和田村（今宇治市五庄）一處風水寶地。此處是山川幽雅的產茶勝地，與故鄉福清黃檗山之景色有幾分相似之處，於是有意擬為初創伽藍之地。在此年的《年譜》中有「六月承上旨，留附京開創；龍谿寺主請擇地，師擬太和山。上即允許」云云。

得到了德川幕府的信任以及喜捨，隱元在日本的弘法利生，在經過六年的艱辛之後，終於有了天時地利人和的美好展望。為此，隱元再無需心存去留兩難的惆悵；他懷著無限感慨，作〈己亥季夏承上旨留附京開創〉一詩吟曰：

六載寓扶桑，烏藤橫海島；不愁雲水籠，莫羨薰風早。
特地自翻身，笑吟歸去好；誰知長者聞，賞音妙節操。
大言炎不華，上意重珍寶；瑞光貴遠人，擇地淨如掃。
金湯沸且嚴，令法久長保；盛世大典章，中興佛日杲。
大哉育物心，霜露及時到；中外悉皆臨，知恩洪莫報。
默默仰蒼蒼，無疆是所禱。

同年八月，京都所司代（京都地方最高行政長官）牧野親成上報申請建寺封地之公文後，得到了德川幕府的正式批准。隱元在十二月二十五日手接幕府許可寺地的命令之後，欣而賦詠〈冬至後二日承令旨受太和山地基〉一詩，以志喜悅之情：

鴻鈞初轉處，大地一陽昇；草木沾元氣，含靈得本真。
誰知造化力，聳出太和春；大道通京國，高峰耀日新。
其中能作主，四眾自來賓；拈草竟梵剎，題辭通遠津。
胸開平等見，萬里盡同人；正氣彌今古，和風遍剎塵。
杖藜聊卓朔，步步整軌繩；不負東君願，清彈遂至仁。

據《德川實紀》中「寬文元年（一六六一）四月」條記道：「此番將山城國大和田村賜給唐僧隱元作為寺地。隱元為答謝允許黃檗宗弘通，特遣派使僧來獻上祝允明書軸一幅。」（原日本古文，筆者譯）德川家所言的「使僧」，應是隱元的弟子慧林性機。

又據《年譜》「寬文元年（一六六一，隱元七十歲）辛丑」條中所記：「解制後，命西堂慧林機之江府謝賜地。與空印閣下、下洞院大德書，二月甲州太守延至佛日寺結七日期小參。跋雲棲大師戒殺放生文，題雪菴禪師十八羅漢贊，付慧林機住佛日。」

此處或有兩個問題。其一，上文已經提到，佛日寺是甲斐守青木重兼家的菩提寺，請隱元開山之後，延請慧林機為第一代住持。慧林在冬安居解制後，受命往江府以奉贈名家祝枝山（一四六〇至一五二六年）之字軸；一者答謝賜地之恩，二者也匯報二月將在佛日寺晉院之事。改寬文元號，是在此年四月二十五日；因此，嚴格地說，此時應為萬治四年。

其二，上文多次言及的「空印閣下」，日中兩國的學者都說是酒井忠勝。如在平成二十八年（二〇一六）四月一日由臨濟宗、黃檗宗連合各派合議所發行之為紀念臨濟禪師一一五〇年暨白隱禪師二五〇年遠諱而刊行的《臨濟宗黃檗宗宗學概論》一書的「隱元之來朝與萬福寺」一章節中，將庄內藩第一代酒井忠勝的生卒年寫為（一五八七至一六六二年）；而以筆者考據，此處似應為其子忠當，因為忠勝於一六四七年（正保四年）已經謝世。而忠當則於萬治三年（一六六〇）二月九日去世，由其嫡子酒井忠義（一六四四至一六八一年）在四月五日繼承父業，成為第三代當主。

問題在於，隱元於寬文元年給「空印閣下」的書信，也已經不可能是指忠當，只能是其子忠義。不解的是，隱元的書信稱「與空印老居士」，難道隱元不知道忠當已經去世？而且，在是年辛丑孟夏還竟有以「空印」為名給隱元的回信。

此時忠當之子忠義年方十六歲，所以由其母方的祖父松平伊豆守信綱指導，以輔助藩政；松平信綱也是歸崇隱元的大檀越。但是，為何林觀潮博士與日本諸學者都會將「空印閣下」認知為酒井忠勝呢？筆者認為，以「空印」為號的酒井忠勝乃第一代藩主，在歷史上比較有名；但所謂「空印」之號，因為酒井家的歷代墓位於現在福井縣小浜（濱）市的空印寺；所以，也許歷代當主皆以「空印」為號，非獨忠勝一人而已之故。

言歸正傳。隱元得到幕府的諭旨，於是年五月初八日，正式定基動土建太和山新寺。據《年譜》中記曰：

五月初八日，太和開創，仍以黃檗山萬福禪寺名之，志不忘舊也。故有東西兩黃檗之語。

隱元在京都山城國太和山開闢新寺，並仍冠以「黃檗山萬福禪寺」之名；一者標誌著黃檗新宗在日域創立，二者體現了隱元思念福唐故里之深意。由此，奠定了東西兩黃檗一脈相連之殊勝法門。

是年八月，由牧野親成題字的《黃檗山寺域繪圖》製成，明確標示了黃檗山寺院領地的四至範圍。雖然所賜寺地寬廣，一大伽藍則於此初創，隱元在臨時搭建的簡陋堂宇中安奉聖像，布置道場，擇定於八月二十九日舉行晉山陞座之儀式，開堂說法。按此歲《年譜》中記道「八月二十九日進山，法語三則」。莊嚴肅穆的進山情景，有記於如下法語之中：

萬治三年庚子十二月十八日，承上令旨，所賜太和田為黃檗山萬福禪寺。於寬文元年辛丑八月二十九日進山門。云：一錫臨筵，千山稽首；法法獻誠（現成？），拈來信手，黃檗安名，不忘本有。聊與一念無緣慈，永為千秋不請友。老僧到這裏建立法幢且止，只如進門一句作麼生道？萬福門開日日新，時豐道泰長悠久。便進。

至佛殿基，云：乾坤蓋載，萬古如在。日月照臨，光明廣大。一片坦平，縱橫無礙。卓立箇中，山靈有待。諸人還見麼？一莖草上現瓊樓，三世如來俱頂戴。

至方丈，云：六窗明淨，一室虛玄，拶入箇中，一會儼然。轟轟烈烈，白日青天。點凡成聖，轉愚作賢。迸開只眼，耀後廣前。嘴鼻盧都談不二，流轉燥辣起風顛。起風顛且止，今日新開黃檗，又作麼生道？一棒破荒千古振，檗山現瑞萬斯年。

由上進院法語可知，當日隱元入黃檗山時，只有眼前白地一大片，臨時山門一座，簡陋方丈一室，佛殿與法堂乃至禪堂等諸堂宇只有地基而已；在此地基上，隱元開始創立。萬事由無生有，也可由有而至於無；所謂生住異滅、成住壞空，乃世間無常之常相也。然非法弘人，乃人弘法；隱元年值古稀，卓立曠野之上，七堂伽藍，瓊樓玉宇，儼然而現於須彌之巔。隱元在初進黃檗山後，有〈初到黃檗山偶成〉詩，以抒發開山立宗的豪邁之氣：

新開黃檗壯禪基，正脈流傳海外奇；有志英靈須著眼，苦心道義共撐持。
法身不礙莊嚴相，勝跡何妨出現時；屴崱峰頭觀慧日，一莖草上拄須彌。
掀翻歧路險崖句，縱奪希常過量機；大道坦然成正果，不孤塵世好男兒。

聊伸只手破天荒，莖草拈來當法幢；一片太和溫道義，千秋黃檗振宗綱。
掀翻陸地波濤湧，收放紅爐燄上霜；盡謂通身無影像，誰知遍界不曾藏。
偶來卓立高峰頂，笑看大千空自忙。

黃檗山的創建事業，在將軍德川家綱以及後水尾天皇的虔誠歸依與大力支持下，諸國大名與幕臣等紛紛響應，在日本上層社會的慷慨喜捨之下而得以順利展開。

是年仲冬，隱元年已古稀，眾人紛紛前來賀壽。然而，在歲末，由中國傳來傳法恩師費隱禪師於順治十八年（一六六一）三月二十九日以世壽六十九歲圓寂於福嚴寺的訃報。如此重大的事情，竟然在半年之後方傳至隱元的耳裡，可見當時因海天相隔，音信難通。隱元聞訊，黯然神傷涕零，久不能語；乃設靈堂，掛寫真，作祭文以悼。

黃檗山初創後宗門制度的確立

日本寬文元年，由隱元作為開山之祖而始創的京都黃檗山萬福禪寺，在日本皇室以及將軍與諸國大名等的護持和保護之下，以中國明代禪宗的教法和儀式等為日本佛教帶來新氣象，尤其是對宗風沉滯已久的日本禪宗注入了新的生機。寺院的園林堂閣的建築樣式、殿宇內的佛像布置與風格等，都沿襲明代寺院，寺院的日常行事以及法規也承續明代，黃檗山僧人的所用法器、法衣鞋帽等也與當時中國寺院無異；在當時的日本佛教界看來，完全是一支外來的新興宗教團體。

當然，外觀的相異還只是表象的；最重要的是，隱元嚴格踐行了僧團內部戒律，以及完善了黃檗山清規；這對當時日本的洞濟二宗的僧眾戒律、以及宗統山規的復興與實踐，均產生巨大的推動作用。尤其是當時曹洞宗的卍山道白（一六三六至一七一五年）以隱元的《黃檗清規》作為手本，將曹洞宗統與山規進行復古和刷新，一改當時混亂的宗門規矩。道白在住持的加賀（今石川縣金澤市）東香山大乘寺，確立了嚴正的山門規矩，世有「規矩大乘」的美譽。

當然，隱元的禪派是臨濟宗虎丘、高峰、中峰、天童諸祖直傳的臨濟正宗，與日本傳承的臨濟諸流派互為伯仲；故當時稱為「濟家黃檗山萬福禪寺派」，並沒有以禪家新宗自稱，可謂是同宗而異風的日本禪宗流派之一。直到明治九年（一八七六），明治天皇與內閣正式將隱元的教團稱之為「黃檗宗」，於是與日本臨濟宗和曹洞宗形成鼎足之勢，以獨立的宗派家風挺立於日本禪林中。

隱元在寬文三年（一六六三），舉行了莊嚴的法堂落成典禮，並在祝國開堂大法會後，舉辦了日本最初的明代寺院所流行的「三壇戒會」，教化僧俗四眾，頗具影響。黃檗山住持四年之後，隱元於寬文四年（一六六四）九月讓位給高足木庵性瑫，退居松隱堂。而其他傳法眾弟子，則在日本各地展開了黃檗禪的教化，建立梵剎，枝葉繁衍，於今不絕。

但是，作為黃檗宗總本山的黃檗山萬福寺的住持之要職，從隱元至第十三代的竺庵淨印（一六九六至一七五六年）為止，一直由中國東渡來的僧人擔當，可謂是一座名符其實的唐寺。直到第十四代住持，才迎請日本僧人龍統元棟於日本元文五年（一七四〇）晉院；不過，第十五代還是迎請東渡而來的大鵬正鯤（一六九一至一七七四年，福建晉江人）於延享二年（一七四五）晉住。第十六代與第十七代，由日本禪僧住持之後，大鵬於寶曆八年（一七五八）再度主席祖山，成為第十八代住持僧。第十九代為日本禪僧住持後，復請中國福建禪僧東渡而來的第二十代的伯珣照浩（一六九五至一七七六年，福建尤溪人）以及第二十一代大成照漢（一七〇九至一七八四年）住山，於是出現了中國僧人與日本僧人相交替住持的時期。

由此可見，京都黃檗山從開祖隱元的一六六一年開始住山以來，大約有一百二十五年間，始終與福建故里的黃檗山保持著緊密相連的宗脈關係。到了第二十二代的日本僧人格宗淨超在江戶時代後期的天明六年（一七八六）入院住山之後，便一直由日本本土出身的禪僧擔任住持要職，傳到如今已至第六十二代。現住持近藤博道於二〇一五年晉山，住持道場至今已八年。

第六章　隱元圓寂前後的黃檗山之承續與發展

三百年來禪林灰冷，化令失張；而師間出其後，樹赤幟於覺場，起宗風於末運，使普天之下復睹漢官之威儀者，師之力也。

日本寬文二年（一六六二）十二月一日，龍溪和尚從江戶持著德川幕府的傳令公文，趕回宇治黃檗山，宣布政府許可隱元禪師開堂說法的政令。

隱元住持期間的功績

隱元作為黃檗山開祖舉行的第一次示眾說法，並奉命啟修祝聖儀式，其標誌著隱元的弘法具有在日本政權護持下的權威性與尊嚴感。為此，隱元感慨之至，賦詩如下：

臘旦龍溪禪德自江府回，奉上令旨請開堂祝聖，以全盛世典章。遂許之，乃說偈以證：

靈機妙用不尋常，能啟聖朝大典章；
掌握乾坤開六合，心懸日月耀諸方。
和風浩蕩林巒翠，紫氣氤氳家國祥；
獨占花魁唯鐵幹，一天霜月愈鋒芒。

龍溪等妙心寺禪德，本欲恭請隱元入主妙心；但是不遂人意，經過龍溪等不退轉的努力，終於促成了新開黃檗一山，供隱元將祖師之禪重播扶桑之地，這是具有歷史性的盛事。

龍溪是天皇敕封的賜紫沙門，在日本皇室、政界與上層社會具有很高的威信，他對隱元的歸崇可謂竭盡全力。他向隱元遞呈的幕府公許之開堂請啟文書內容如下：

慈雲山普門福元禪寺賜紫沙門宗潛奉本朝大將軍令旨，敦請上隱下元琦和尚開堂啟：

伏以創蕭寺而作解脫場，無加中和皇后之遺址；築檗峰而割膏腴地，不讓裴休相公之皈崇。正宜出世宗師，首為開山鼻祖。

恭惟老和尚座下，名邦尊宿，法海津梁；發揮大用大機，續臨濟四八世之系統；罵倒半行半坐，起扶桑三百年之頹風；當稱從上正傳，豈比今時濫習。西嶺月東嶺日，日月相望而證明上元開堂；北山雨南山雲，雲雨奔騰而助揚初會說法。直得萬松止響，雙鶴遙聞。門臨萬福之星，天降五雲之慶。惟祈法眼遐瞻，早應東君之鈞命；慈心不捨，俯垂一眾之葵忱。臨楮景仰，謹啟。

從以上引文可以窺知當時幕府對東亞局勢之見解；尤其是最後的「惟祈法

眼遐瞻，早應東君之鈞命；慈心不捨，俯垂一眾之葵忱」一句，竊以為龍溪代言了德川幕府的政治意向。

當時，正值明清交替時期，滿清入主中華，對東亞政治、外交以及文化格局等都產生急劇變化；明國作為東亞諸國的盟主地位已經不復存在，諸國必須面對這支來自滿洲的強大騎馬民族所建立的大清帝國。對一直以中華為尊、鄙視夷族的東亞諸國來說，顯然失去了中華文化圈裡的道統與主從關係。

當時，在朝鮮興起了「小中華」的思潮，認為自己是大明文化的承續者，拒絕清國的冊封。日本則想起了元蒙曾兩度來襲的往事，當時的幕府也認為日本將可取代明國而確立亞洲的盟主地位，成為繼承中華道統的復興基地，「攘夷」之議一時紛然而起。

引文裡的「東君」，就是指太陽與日神，也有表示東方的春和春神之意，這本是中國古來的自然哲學概念；但是，這裡作為東方日出之國「日本」的引申義加以展開；日本古來所信奉的「天照大神」護佑下的「神國日本」的宗教理念，在「蒙古襲來」之後，再度昇華。以日本為中心的「中華思想」成為重新調和東亞新秩序、新格局的主要政治信條，也就是龍溪文末的「葵忱」之意；葵花是德川家的家紋標誌，代表著「征夷大將軍」統合天下的無上權威與尊嚴。

因此，隱元初來，被懷疑是反清復明的間諜，言行處處受到監視與制約，而後來確認為明國忠義之士，遂加以保護，並為其割膏腴之地而力助創建一大梵剎，始終與當時幕府的對外政策相符。這與水戶德川家的副將軍光圀重用明國逃亡而來的巨儒朱舜水的情形相似，當然，後來東渡的洞上沙門東皐心越的情況亦復如是。

因此，隱元的黃檗開山，並不能單純地以宗教的視線來審度之，其本身蘊含著深沉的日本政治、宗教與文化的新動態。隱元的開堂祝聖決不是為了祝禱大清帝國的隆盛，而是祝禱日本國的皇基永固，帝道遐昌。隱元是明國來的遺民及高僧，他的忠孝仁義乃至濟度救世的思想，決定了他一生堅守並貫徹儒家正統思想觀念與佛家慈悲救度的宗旨，幕府的「中華意識」裡的「華夷」思想，無疑與隱元的理想與願望暗合一致。

以日本為東亞中心而尊奉的儒家傳統中「華夷思想」，成為日本江戶幕府一貫所堅持的政治理想與國家意識。到了幕府晚期，列強逼迫幕府放棄鎖國政策，開放通商口岸時，日本上下的「尊皇攘夷」思潮達到了巔峰狀態。

美利堅的「黑船」撞開了江戶的城門，「大政奉還」後的明治政府，實行了「明治維新」，製定了向西方文明學習，實行西方憲政的君主立憲制，力行「富國強兵」的國家政策，使日本由封建諸侯制社會轉化為近代先進國家；但是，日本的「攘夷」意識一直沒有熄滅；後來的大戰，足可以說明和反映日本中世紀以來國家意識的連續性。

日本戰後的民主社會的確立，事實證明必須要經歷過這段漫長艱辛的歷史過程以及思想進程。而在討論與考察中國近代史乃至現代史上的諸多問題時，如撇開東鄰的日本而論，則無疑是隔靴搔癢的無稽之談，筆者亦是如此這般多角度來看取隱元開闢京都黃檗山的時代背景與社會狀況。

到了寬文三年（一六六三）正月十五日，隱元在新落成的法堂中舉行莊嚴的上堂法會。《年譜》中記道：「三年癸卯，師七十二歲，上元日承大將軍令旨，為國開堂祝聖。是日王駕臨宴，諸山碩德咸集，嘆為希有。」幕府特賜下僧糧四百石。五月二十五日，太上法皇委託龍溪請隱元開示禪語法要，隱元的聲望聞於遐邇。

八月二十三日，禪堂上梁，又建立松隱堂（後為隱元退居之所，開山堂）；臘月朔日，設為戒壇，說戒傳戒。有記曰：「師開堂將三十載，說戒一十六度，受戒弟子不知其數；而此土則成初會，為開戒之祖。四方見聞，莫不歸心。至有感激流涕而不已者，嘆戒法之難遇也。」

隱元的禪法是以發揚明朝佛教的禪戒淨密為特色的綜合佛教，這在當時的日本是別開生面的新興禪法。到今日，我們在大陸和臺灣等地所見到的佛教寺院，依舊保持著不少隱元那時所弘傳過的明代佛教之遺緒。

隱元住持黃檗山期間，致力一山堂宇的建構，並夏講冬禪，全力培養門下弟子，日本上自皇室、下及黎民，無不受其教化。是年冬安居，山內大眾近五千指，立兩堂首座分攝，舉龍溪潛與獨湛瑩為西堂，滿庭龍象，堪為法門之盛事。

寬文四年（一六六四）九月四日，隱元七十三歲。在得到德川幕府的承認之後，正式宣布辭去黃檗山萬福寺住持一職，推舉木庵性瑫繼席，然後退隱松隱堂頤養天年。據《年譜》中記道：「九月退居松堂，辭眾上堂。即日命木庵瑫座元繼席。」並賦詩〈囑木庵座元繼席本山〉一首付囑木庵，詩云：

法門任重力撐持，始見衲僧不自欺；

理徹行中堪濟世，德克名實乃稱奇。
和風浩蕩心花發，霜月圓明道證時；
滿眼盡成華藏界，重重圍遶更何疑。

並遵奉禪門清規，舉行了莊嚴肅穆的辭眾上堂。在退院儀式中，隱元當眾開示的法語內容如下所示：

寬文四年九月初四日退院辭眾上堂。師云：
區區十載寄扶桑，惹得滿頭盡雪霜；
三易法幢招勝侶，新開黃檗振宗綱。
水天一色靜通達，心眼圓明照大方；
此日退居松隱里，到頭霜月影全彰。
諸人會麼？丈夫處世，氣宇軒昂，心懸杲日，志潔秋霜。不與萬法為侶，豈隨塵劫茫茫！麈尾動時，為霖為雨；杖頭到處，為瑞為祥。承上接下也有綱有紀，繼往開來也有規有法。其立業也，可大可長可久；其成功也，能收能斂能藏。進退知時及節，不孤老大空王。放下身心器界，直至無為無事、安閒極樂之地，非小丈夫所能為也。所謂少而學，壯而行，老則休心，合人天之大道，同事理之終始；體物我之本末，契佛祖之妙心。言滿天下無口過，行周法界不留蹤。

一大因緣出現於世已竟，更復何為？大休大歇世無多，收拾風光在一毫。拽轉遼天雙鼻孔，不令人見更風騷。諸人於此，會得老僧末後半邊鼻孔，不妨同一受用處，同住極樂窩，同喫無米飯，同臥無為牀；善始善終真鐵漢，自由自在老金剛。其或未然，老僧再垂方便指示，令汝有個依止，則不空過時光也。伏惟諦聽：

唯有堂中木頭陀，人天眼目出頭高；
掀翻吾道長悠久，能起宗風滿太和。

汝等虛心堪受法，團圞微笑樂高歌。

下座，便行。

在上述的法語中，隱元回顧了東渡扶桑十年來，三易法幢（興福、崇福、普門），然後新創黃檗山萬福禪寺的匆匆歲月。年屆七十三歲高齡的老禪師，此時的心境可謂磊磊落落，十年來催得滿頭雪霜，已到無為無作、大休大歇之境界。真如文中所說「一大因緣出現於世已竟，更復何為？」這般，唯有飄然引退，讓賢於來者，續佛慧命，普救群迷可也。文中勉勵後生，虛心受法，高歌猛進，不退菩提。

隱元雖退居松隱堂，由高徒木庵領眾行道；但他是黃檗山的開山鼻祖，在朝野上下已經樹立崇高的地位，是一山一宗之精神支柱。在退居至圓寂的近十年間閒適的最晚年的光景中，寫下甚多墨跡，並賦寫詩偈多達兩千五百餘首，可謂是老當益壯、身心彌堅。在最晚年的時光中，隱元依舊傳法教化後進，並親見黃檗山諸堂殿宇蔚然日顯大觀，法侶如雲而集。一代東渡傳法大業，已臻鼎盛之勢，足可慰平生也。

隱元的傳法弟子們也紛紛在各地建立道場，黃檗家風如春雨普潤扶桑各地，日本皇室以及幕府將軍家與諸國大名，乃至各界人士等，皆至心歸崇。據《隱元語錄》等相關資料可知，蒙隱元教化者，留有姓名者就有萬指，上自天皇、下及庶民，無不受其法益；而在僧界，不惟臨濟、曹洞，天台、法相、真言諸宗僧侶也來問法受教。

隱元的晚年與圓寂

據《年譜》所記，寛文五年（一六六五），隱元七十四歲。春夏之際，接納各宗法侶，教人不倦。其間接家鄉福唐書信，得知國內法屬相繼亡故計有四十餘人，不由傷感，設位迴向遙祭。又接書聞知，福清黃檗山的法子慧門如沛也於去歲圓寂，不勝哀嘆。慧門沛是在隱元東渡後奉命住持福清黃檗祖山的心腹弟子，為守護祖山法脈可謂是鞠躬盡瘁、死而後已。繼其法席的是虛白長老。歲月流逝，人事代謝，固也常理也。是年，黃檗山內，落成甘露堂與通玄門。

寬文七年（一六六七），隱元七十六歲。是春，受請往南都奈良，到東大寺瞻禮大佛，又至興福寺，往春日大社，過二月堂，並遊眉間寺；再詣西京西大寺、唐招提寺、藥師寺三大古剎，皆有詠詩留記。所到之處，四眾追隨，爭相禮拜，日以萬計。是年五月二十五日，隱元在松隱堂中晏坐，忽見眼前白蓮花開，清香可人。尋有報言德川大將軍令旨到，布施白金二萬兩及西域香木等，為助黃檗興建佛殿等。是年六月十九日，山內舍利殿落成，有拈香法語示眾。

寬文八年（一六六八），隱元七十七歲。是年春三月二十五日，大雄寶殿上梁，繼而天王殿、應供堂（齋堂）、鐘鼓樓等次第竣工。隱元欣而揮毫題聯以嚴飾之。

寬文九年（一六六九），隱元七十八歲。是年春，揮毫寫就「大雄寶殿」巨字，大如車輪，筆力雄渾，觀者稱歎不已。十一月初五夜，隱元夜夢有大舟破海浪而至，上豎大紅旗，乃於夢中喚侍者南源速來看船。翌旦，南源來禮足，隱元俱告夢中所見，南源答言此應是法舟，高樹勝旗，豈非示法脈相通之兆乎？是日果有福唐黃檗新命虛白願和尚遣專使來山，答謝老和尚法乳之恩。是歲，山內落成伽藍堂與祖師堂等。

寬文十一年（一六七一），隱元八十歲。是年冬，隱元值傘壽（八十大壽），嗣法門人以及四方碩德之士，各奉詩文頌祝福壽綿長，撰成一卷為紀念之。

寬文十二年（一六七二），隱元八十一歲。是春，受請往東山泉湧寺，謁太廟，過戒光寺，瞻禮栴檀瑞像。歸山後，一如既往於山中接往來之四眾。親製〈黃檗鐘銘〉等文，題寫山門聯以及妙高峰等匾額大字。是年除夕作辭年偈曰：「一室安居緜密密，不妨能始又能終」，暗示有離世往生之意。

寬文十三年（一六七三），隱元八十二歲。初一日，書偈付海福獨本源。午齋後，戴笠拄杖巡寮云：老僧托缽行腳去！侍者柏岩答：與老和尚一文錢！隱元聞言哈哈大笑。

二月十九日觀音大士聖誕日，隱元坐於龕中，謂眾曰：老僧他日委息，當停龕三年，然後入塔。於是日下午示微疾，至三月朔日，門弟子以及護法宰官等前來問候，隱元應答如常。

四月朔日，隱元自知一期化緣將近，因內心感念來扶桑以來，承蒙德川將軍賜地而得開黃檗道場的恩典，並謝忱後水尾法皇的知遇之恩，特書詩偈致謝；並賦詩與山內大眾以及家鄉福清黃檗山的僧眾與檀越，留下最後遺偈，以示道念，勉勵諸仁，不斷精進，以成無上道業。各錄之如下：

謝恩偈奉上本朝大將軍

西來萬里老桑門，賜地開宗感國恩；
今日功圓恭致謝，河山位鎮永長存。

謝恩偈進上太上法皇

廿年行化寓東方，屢受洪恩念不忘；
珍重上皇增壽算，西來正法仗敷揚。

病中示眾

病中猶自掣顛風，曠劫幻緣一掃空；
珍重諸仁須勉力，莫教昧卻主人翁。

寄示唐黃檗大眾

老漢多年渡海東，日來將覺報緣終；
寄言黃檗諸禪道，力振門庭紹祖風。

寄福唐諸護法

從來佛法付王臣，爭若諸檀念力深；

扶起勝幢光祖德，千秋日月廓天心。

隱元的遺詩樸實無華、情真意切，可謂露之堂堂、體露金風，讀來令人深感他是一位德高望重而和氣藹藹的仁人達者；大明王朝近三百年，難得有此真國士。

初二日，上皇特賜「大光普照國師」之號；生前受皇上國師號者，前無古人，唯隱元一人而已。初三日早刻。謂左右曰：今日不得遠離，吾行期逼矣。午刻面西而坐，眾請遺偈，遂奮筆寫下〈初三日未時辭世偈〉，偈曰：

西來楖栗振雄風，幻出檗山不宰功；

今日身心俱放下，頓超法界一真空。

書罷環視眾人已，溘然長逝，時為寬文癸丑四月初三未時。在《年譜》中對隱元圓寂後的記錄如下：

留身三日，容色如生。四部眾持香花而供者，靡不悲哀而戀慕焉。三日後，鎖龕。

百日內諸弟子伴龕坐禪，二時諷誦上供，以酬慈蔭。遵治命停龕三年，乃於延寶乙卯夏四月三日，當大祥之期，備法仗奉龕入塔。塔坐癸向丁，在開山堂之左。嗣法門人無得寧等二十三人，剃度弟子河陽常等五十餘人。他如宰官、居士、清信士女歸依，求法諱圖像供事者，指不勝屈。兩國景瞻，有如一佛出現也。蓋師主張法門三十餘年，至公至正，重法尊師。事之是，必屈而從之；事之非，必覿面叱之。

極燥辣處，極其慈悲；極慈悲處，極其燥辣。雖在方外，義篤君親；見人悖於情理，必怒形於色；見人敬於長上，則喜生於懷。應機說法，縱橫無礙；垂手接人，直截痛快。故自東渡開化二十年間，上自王臣國戚，下逮走卒市童，莫不尊仰而起敬焉。

嗚呼，濟北之道，自南宋蘭溪隆始唱此方，迨元明極俊後，遂無聞矣。三百年來禪林灰冷，化令失張；而師間出其後，樹赤幟於覺場，起宗風於末運，使普天之下復睹漢官之威儀者，師之力也。謹按歲月次第，略敘師之平昔梗概，庶天下後世當有所徵；至於密行潛德，曷能述其萬一。

師世壽八十二，法臘五十有四。自四十六歲開堂黃檗，歷福嚴、龍泉，再住黃檗九載。六十三歲，應化日本，初開法興福，轉崇福，移普門。七十歲開山黃檗，最後示寂松隱。凡八坐道場說法，廣錄三十卷，隨大藏流行。

比較簡潔敘述了隱元的一生大概與功業。另外，有弟子天德寺南源性派（一六三一至一六九二年）所撰寫的塔銘，以及延寶四年（一六七六）法孫高泉性潡（一六三三至一六九五年）所撰集的《東渡諸祖傳》等，也記錄了隱元的生平事蹟、行化功業。

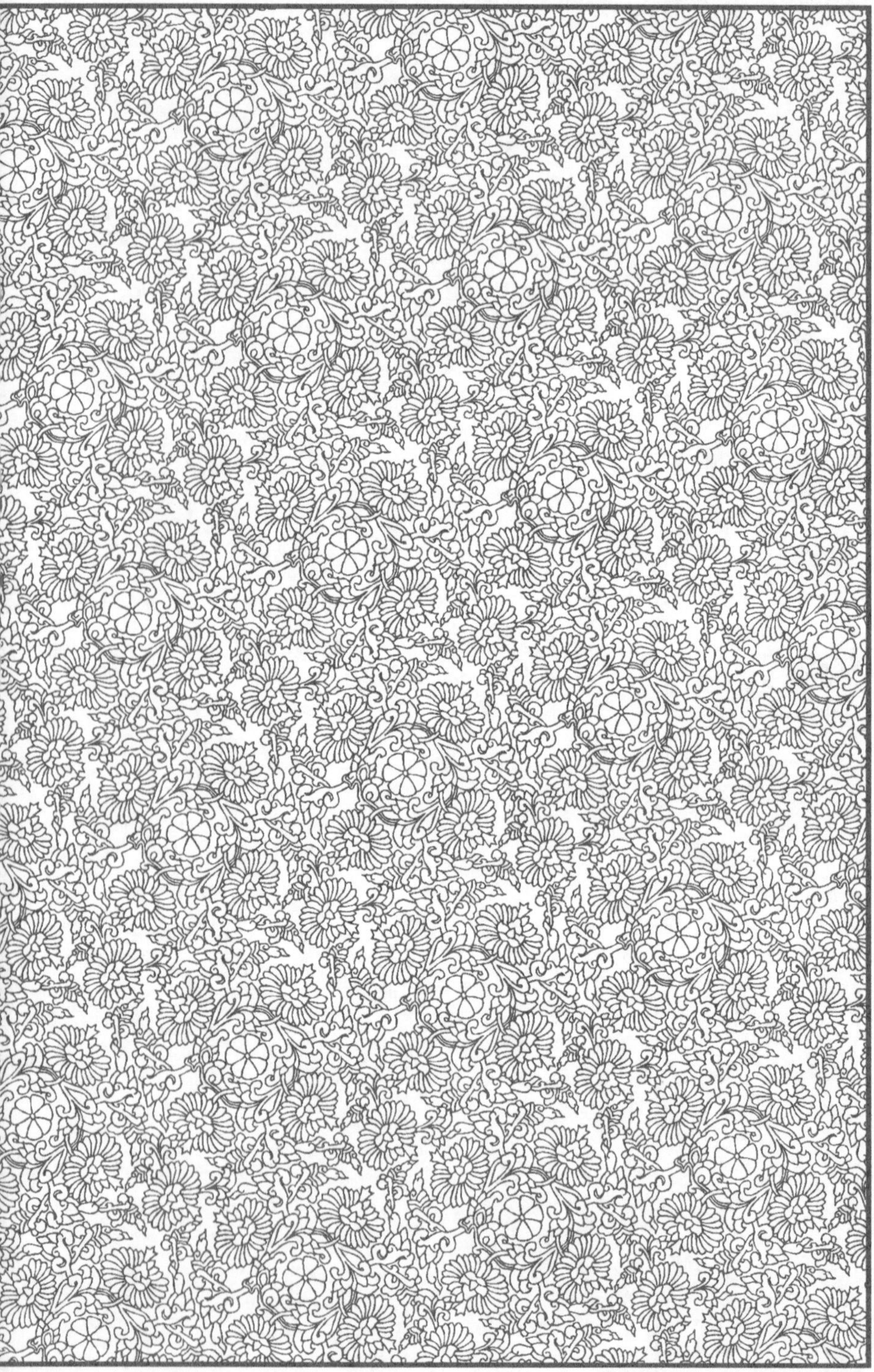

影響

壹・隱元的諸弟子以及法孫

嗣法門人無得寧等二十三人，剃度弟子河陽常等五十餘人；他如宰官、居士、清信士女歸依，求法諱圖像供事者，指不勝屈。兩國景瞻，有如一佛出現也。

隱元一生接化僧俗弟子甚多，其中傳法弟子有二十三人之多，再傳法孫也繁衍無盡，分別住持了福清黃檗山、京都黃檗山以及門派中的重要寺院。本文篇幅有限，筆者不能一一加以詳述，僅選擇其中最為重要的法子以及法孫計六人的生平事蹟等進行評述，分別是木庵性瑫、即非如一、獨湛性瑩、獨立性易以及法孫高泉性潡與悅山道宗。

木庵性瑫

木庵性瑫（一六一一至一六八四年），是隱元所傳二十三位法嗣中的第八位法子，繼隱元法席，為黃檗山萬福寺第二代住持。

木庵俗姓吳氏，福建泉州府晉江縣人，明萬曆三十九年二月三日生。崇禎二年（一六二九），十九歲時在泉州開元寺印明和座下出家。在鼓山永覺元賢座下受具後，行腳於江南諸山，遍參名僧尊宿，先後在杭州的雪關智誾、天童的密雲圓悟等席下參究。

二十七歲時回到永覺元賢處，得其提撕而省悟。二十八歲時，往金粟山參問費隱通容，得其鉗鎚，在寺內擔任副寺、侍者、知賓、維那等職。其後，又往會稽以及天台山等處參訪。南明永曆二年（一六四八），欲往天童山輔助費隱道化，因戰亂不果。遂南歸黃檗山參侍隱元，於永曆四年（一六五〇）嗣法隱元。是年往劍石太平寺住持，於永曆七年（一六五三）讓住持位與同門法弟即非如一。

八年冬，住持永春縣象山慧明寺。翌年（一六五五，日本明曆元年）在開元寺，應隱元招請，攜弟子慈嶽定琛、喝禪道和等，於六月二十六日從泉州安平港起錨東渡，七月九日抵達長崎，住持分紫山福濟禪寺。

日本萬治三年（一六六〇），木庵到攝津普門寺隱元會下助化。寬文元年（一六六一）八月，輔助隱元開創山城宇治黃檗山萬福寺。寬文四年（一六六四）九月，隱元隱退，繼席黃檗。翌年，在山中開三壇大戒。是年七月，下江戶城謁見將軍家綱，得其歸仰而深受優遇。又因青木端山居士仰慕木庵的道風，相請開創白金紫雲山瑞聖禪寺，繼而開創末寺九所，門下五十餘人，道風盛極一時。

寬文九年（一六六九）得將軍家賜予紫衣。延寶三年（一六七五），讓瑞聖寺住持位於法子鐵牛道機（一六二八至一七〇〇年，長門國〔今山口縣〕人，相模長興山紹太寺以及下總〔今千葉縣〕補陀落山福聚寺開山祖師，諡號大慈普應國師）。

延寶八年（一六八〇）二月，於黃檗山萬福寺退居，讓位於法弟慧林性機（一六〇九至一六八一年），隱居山內塔頭紫雲院。天和四年（一六八四）正月二十日，示寂於山內萬松院，世壽七十四。門下法嗣近五十員，形成了黃檗萬松派。明治十四年（一八八一），明治天皇追封木庵為慧明國師。

傳世有《黃檗木庵禪師全錄》三十卷，《東來集》三卷，《紫雲止草》一卷等著作。精於書法，與師隱元以及同門即非並稱「黃檗三筆」，傳世墨跡備受珍愛。

即非如一

即非如一（一六一六至一六七一年），福建福清縣林氏，父親林英，母為萬氏，生於明萬曆四十四年五月十四日。

林氏為南宋中書舍人林希逸的後裔，世代為書香門第；因此，即非自幼接受了良好的儒家教育。據即非的自敘說，母親是虔誠的佛教清信女，因祈禱觀世音菩薩而應夢得白蓮花一枝，感而懷孕得子；所以，即非受母親的熏陶，自小恭敬三寶。父親林英早亡，即非深懷世間無常，夙有出離之志。

崇禎六年（一六三三）四月八日，禮福清龍山寺西來和尚出家，時值十八歲。費隱通容住持黃檗山時，在座下受十戒，為沙彌。崇禎十年（一六三七）十月，隱元晉住黃檗山，在法座之下受具足戒及菩薩大戒。而後出山遍參諸方，參學於石雨明方、朝宗通忍、萬如通微、永覺元賢、亘信行彌等尊宿。

即非在閩地乃至江浙一帶參學期間，正值清兵犯境、戰亂紛起之時。崇禎十七年（一六四四）三月，清軍攻入北京，明朝覆亡。翌年，南明隆武政權建於福州；清軍揮師南下，於隆武二年（一六四六）九月，攻陷福州，屠城數日。即非經歷了山河易色的巨變，戰禍的慘狀讓即非心靈留下了難以抹去的傷痕。

於南明永曆元年（一六四七）重回福清黃檗山，先後任侍者、書記以及維那等職，至心參侍隱元。永曆四年（一六五〇）臘月三十日，黃檗山發生山林火災，延及寺院堂舍；即非與寺僧奮力滅火，不慎跌入空穴之中，為大火所燒，頭面手足負傷，幸被救出。即非大難得救，蘇醒之時，於生死大事，通徹於心，幡然大悟，即得隱元印可。

永曆五年（清順治八年，一六五一）正月十五日冬安居解制時，正式嗣法隱元，成為臨濟宗第三十三代。是年夏，即非得到閩侯雪峰崇聖寺化門和尚之招請，經隱元許可，往雪峰山靜修。一直持續至永曆九年（一六五五）一月，歷時近四年，此期間已有弟子化林性偀（一五九六至一六六七年，在一六六〇年東渡長崎）以及千呆性侒（一六三六至一七〇五年，字曇瑞，一六五七年隨即非東渡長崎）等。

永曆九年初，長崎崇福寺的大檀越王心渠等數次邀請，而於前一年東渡後的隱元也馳書相催，故而離開雪峰，徑直前往福寧州（今霞浦）福寧港，待機東渡。

永曆十一年（日本明曆三年，一六五七）二月六日，即非南下至溫州瑞安縣沙關，攜門人千呆性侒、若一超元、弘永性嘉等揚帆東渡，一路順風於十六日到達長崎，即日受崇福寺僧俗相迎入寺。翌年，即日本萬治元年十月，由眾人推舉擔任崇福寺住持，開堂說法示眾，深得眾望。即非此後居長崎六年，接人不倦。

即非的道譽，不僅聞之於唐人社會，日本僧俗也聞風而至，禮拜歸崇。此時，法兄木庵住持福濟禪寺，世稱長崎兩大甘露門，與在普門寺等京畿地方弘法的本師隱元相呼應，對當時日本社會影響頗大，為日後京都黃檗山萬福寺的開創，奠定了基礎。

寛文三年（一六六三）八月，即非得公許，登黃檗山覲見隱元。翌年九月，即非決定離開日本，擬從京都回到長崎，起錨歸國。但是，途經豐前小倉城，為藩主小笠原忠真殷勤挽留，於翌年寛文五年（一六六五）開創廣壽山福聚寺（今福岡北九州市小倉北區）。

寛文八年（一六六八）七月，辭任讓席與日本法子法雲明洞（一六三八至一七〇六年），退居長崎崇福寺。寛文十一年（一六七一），即非製定規矩六條。五月二十日，因病圓寂於長崎聖壽山崇福禪寺，世壽五十六。傳世有《即非禪師全錄》二十五卷，《即非和尚後錄》五卷等。

即非在早期日本黃檗宗僧團中具有十分重要的地位。若以即非的道德與才量完全勝任繼木庵後主席黃檗，或能如願梯航歸國，也必定在雪峰或黃檗等閩地禪剎中大顯身手，廣度群倫；可惜，其五十六歲就染疾示寂。他的道化在日本的影響很大，尤其他的詩文以及書畫，廣為日本社會所珍愛。

他留下了法雲明洞、千呆性侒等五位法嗣，法門繁盛綿延，滿庭龍象，後形成黃檗宗廣壽派，乃為黃檗宗下第二大法派。尤其是他的法子千呆性侒於元祿九年（一六九六）繼高泉性潡後主席黃檗，成為第六代萬福寺住持。

獨湛性瑩

獨湛性瑩，俗名陳其昌，興化府莆田縣黃石里（今黃石鎮）人，生於明崇禎元年（一六二八）。崇禎十六年（一六四三），獨湛十六歲時，生母黃氏去世；為報慈恩，立志出家修道。往莆田縣梧山積雲寺，禮衣珠和尚剃染。養聖胎而隱修於本縣壺公山兩年後，出山遊方，遍參諸山尊宿。

於南明永曆四年（清順治七年，一六五〇）參學於泉州承天寺亙信行彌（一六〇三至一六五九年），其間也曾參訪過福清黃檗山隱元以及福州鼓山湧泉寺的永覺元賢（一五七八至一六五七年）等禪德。永曆五年（一六五一）再入黃檗山，參侍隱元。

永曆八年（日本承應三年，一六五四）五月十日隨從隱元辭別黃檗山，六月二十一日從廈門解纜東渡，七月六日隨從隱元入住興福禪寺。後隱元往攝州普門寺，獨湛也隨侍左右。日本寬文元年（一六六一）八月，追隨隱元往京都宇治草創黃檗山；三年（一六六三）冬，受命西堂一職。

翌年五月，獨湛在隱元座下嗣法，名列隱元第十八位法子。六月受請於德川幕府旗本近藤貞用往遠江國（今靜岡縣）金指弘法，並於翌年（一六六五）十一月，在初山寶林禪寺（今引佐郡細江町中川）晉山開堂，住持十八年，教化一方，學衆雲集。

於延寶元年（一六七三）於上野國（今群馬縣）新田村笠懸開闢鳳陽山國瑞禪寺。天和二年（一六八二）正月，受幕府令旨，繼席慧林性機出任萬福寺第四代住持。於貞享二年（一六八五）三月以及元祿三年（一六九〇）九月，兩度舉行三壇大戒法會。

元祿五年（一六九二）正月，辭去黃檗山住持，隱居塔頭獅子林。後因遠州近藤貞用與四衆再三懇請，於元祿八年（一六九五）再往初山寶林寺入住，元祿十年（一六九七）正月，於山內舉行菩薩戒法會，受戒者萬餘衆，盛況空前，會後退去住持，復歸檗山獅子林。於寶永三年（一七〇六）一月二十六日示寂，世壽七十九。其門派稱為黃檗宗獅子林派，延綿於今。

獨湛的禪風繼承發展了隱元兼修念佛的淨土法門，有「念佛獨湛」之稱。遺著有《初山獨湛禪師語錄》一卷、《初山勵賢錄》一卷、《初山獨湛禪師行由》一卷、《永思祖德錄》二卷、《梧山舊稿》四卷、《開堂法語》一卷、《施食要訣》一卷、《當厤化佛織造藕絲西方境圖說》一卷、《授手堂淨土詩》一卷、《勸修作福念佛圖》（《稱讚淨土詠》）一卷、《獨湛和尚行錄》一卷、《扶桑寄歸往生錄》二卷、《獨湛安心法語》一卷、《獨湛禪師語錄》九卷等。

嗣法門人有圓通道成以及萬福寺第八代住持悅峰道章等三十九名。

獨立性易

獨立性易，生於明萬曆二十四年（一五九六）二月十九日，浙江杭州仁和縣人。為東晉名士會稽（今紹興）戴安道之後裔。初名戴觀胤，字子辰；後改名戴觀辰，又改稱戴笠，字曼公，號荷鉏、天外一閒人、天閒老人以及就庵等。父名戴敬橋，母陳氏。

戴家為江南書香門第，詩禮傳家。然在明泰昌元年（一六二〇）三月，二十四歲時，父親亡故；翌年又遭祝融之災，房屋家產化為灰燼。因幼受庭訓，早諳儒學，擅長詩文書畫，又精通醫術。訪師尋友，詩文書畫之名鵲起，為當時名流所重。但因不喜宦官魏忠賢等專橫，於是隱於崇德縣語溪之地，懸壺行醫為業。

崇禎十七年甲申之國變後，矢志抗清，恢復明室，與餘姚名士朱舜水（一六〇〇至一六八二年）相交甚篤。清兵鐵騎南下，南明政權岌岌可危；眼看復國無望，遂於永曆七年（日本承應二年，一六五三），五十八歲時乘上前往長崎的商船，亡命東渡，在華僑醫師潁川入德（陳明德）處安身。恰好與第三度東渡（前兩次分別是一六四七年與一六五一年，一六五九年七月南京淪陷之後亡命東渡）而來請幕府救援的朱舜水同居，互相詩文酬唱。曾在詩文集《東矣吟》中錄有〈與朱魯璵〉一首，詩云：

共寄天涯客，殊深義命懷；十年君不愧，一念我無垂。
異國憐同氣，吾徒道有儕；披襟譚往事，匣劍恨終埋。
箇中與朱魯璵（朱舜水之字）同悲亡國離亂之情，讀之令人黯然涕下。
永曆八年（日本承應三年，一六五四）七月，隱元東渡入住長崎興福寺，戴笠前去參禮；一聞說法，幡然有出世之志。士林好友朱舜水則加以攔阻，希望戴笠能保持名儒之體面；但是，戴笠已看破世俗。遂於同年十二月八日，禮隱元為師，披緇出家，道號獨立，法名性易，時已近甲子之年矣。
翌年八月，隨隱元往攝津普門寺，掌書記室。萬治元年（一六五八），隱元應招往江府謁見將軍德川家綱，獨立隨同；在江戶城中，其詩文與書畫以及篆刻為幕府上下傾倒，老中武藏國川越藩主松平信綱招入平林禪寺（今埼玉縣新座市野火止）。平林寺是入元僧石室善玖（一二九四至一三八九年）開創的寺院；因為得法於金陵鳳臺山保寧寺古林清茂（一二六二至一三二九年）座下，因此取山號為金鳳山。翌年，獨立因得腳疾，遂辭歸長崎興福寺幻寄山房養病。

獨立著有《斯文大本》一書，在書中將中國古來正傳的書法相傳於世，並將明代的篆刻藝術傳授給日本文化界。日本以石作印，獨立乃為鼻祖，門下弟子有唐人高玄岱（一六四九至一七二二年）、北島雪山（一六三六至一六九七年）等得其印法。其書法有書卷氣、儒雅俊逸，水墨畫筆墨高古；與當時同樣精通醫術與書畫、住在崇福寺的同門法侄化林性偀，並稱為「長崎桑門（沙門）兩巨擘」。

萬治三年（一六六〇）臘月八日起，掩門閉關，以千日為期；因山房中多植梅花，遂號之為「梅花關」，以示高潔。寬文二年（一六六二），獨立開始懸壺為民眾施藥治病，尤其精於對瘡皰等病的療治，醫術名聞遐邇。

寬文四年（一六六四）四月至八月，因岩國（今山縣口岩國市）第二代藩主吉川廣正以及其子廣嘉的熱情聘請，往彼處行醫。獨立出示故鄉杭州的錦帶橋為藍本，建議吉川父子於錦川上營造一座巨大的五孔相連拱橋，於延寶元年（一六七三）竣工；至今仍保持雄偉壯觀的古貌，為日本一大古蹟名勝。此後，藩主對之十分敬重，多次恭請；獨立前後三度應邀，於彼處行醫道化。

寬文五年（一六六五）四月，法兄即非開創豐前國小倉福聚寺，獨立應邀前往助其法化，擔任書記一職。後歸長崎崇福寺廣慧庵閑居。寬文十一年（一六七一），隱元八十大壽，獨立因足疾甚劇，無法前往祝賀，以詩相酬祝頌。

翌年（一六七二）三月，在杭州的二孫特渡海來請獨立歸國；然獨立自知來日無多，放棄歸鄉之念，寫下〈有樵別緒自剡分宗記〉相付，以示剡溪戴氏宗族源流。同年十一月六日，在長崎崇福寺溘然示寂，世壽七十七，法臘十九。弟子慧明等將遺骨攜往黃檗山中建塔。

獨立雖然沒有在日本開山建寺，但確實是隱元門下一位很有才華的法嗣。他作為明末遺民，在扶桑之地，以其淵博的學識及高明的醫術，得到日本社會的尊崇與愛戴。他以儒入佛，將明代的高度文化，淋漓盡致地在其一生中得以完美展現，為黃檗文化的傳播，留下不可磨滅的功績。

高泉性潡

高泉性潡，字良偉，法諱性潡，號雲外。又號高泉，曇華道人等。生於崇禎六年（一六三三）十月八日，為福州府福清縣東閣林氏子。父親林茂高，母趙氏。

南明弘光元年（一六四五），十三歲時，父母雙亡，乃依黃檗山無住和尚（俗家叔父）處，請求剃度出家，後有亙信行彌為之落髮。

翌年隱元再住黃檗，高泉隨從修行。隱元離山辭眾東渡時，高泉正遊學於羅源縣羅川蓮花庵，未及相隨。永曆九年（一六五五），歸至黃檗，隨侍隱元法子慧門如沛修禪。在黃檗山中，高泉十七歲時擔任殿司兼司鐘鼓，翌年為行堂。永曆十年（一六五六）在黃檗山中為飯頭，同年冬任典賓一職。翌年為書記。

永曆十五年（一六六一）四月一日，高泉得到慧門的印可嗣法，列為臨濟宗第三十四代傳人。同年六月，為了參加隱元舉行七十大壽慶典及請求隱元老和尚歸福唐祖山，高泉受慧門等囑託，與曉堂道收（一六三四至一六六六年，興化府吉陽林氏）、柏巖性節、未發性中、唯一等東渡。

在長崎上岸後，先至崇福寺參拜即非如一。唯一先行往京都黃檗山；九月，高泉與曉堂等攜劉魯庵、陳沁齋、黃東崖等名士的祝壽詩文往京都黃檗山。有錄於《黃檗開山和尚七秩壽章》，後出版流通於世。高泉在祝壽會期間，擔任隱元的衣缽侍者。之後，高泉擬辭歸回福清復命，龍溪和尚愛其才德出眾，慇勤挽留，於是滯留未歸。

後曉堂為隱元侍者，柏巖留在長崎崇福寺任書記；未發為隱元弟子獨癡的徒弟，翌年揚帆歸至福唐。

日本寬文三年（一六六三）十二月，黃檗山舉行首次傳戒大會，高泉受命為引請阿闍梨。寬文五年（一六六五），奧羽二本松城藩主丹羽光重敦請高泉前往江戶，入住維摩室；翌年，在藩主初創的甘露山法雲院（後改名珊瑚寺）晉山陞座，並取丈室名為「曇花」。此間，發心血書《法華經》、《圓覺經》、《維摩經》等三十多卷大乘經典。

寬文六年（一六六六），一起東渡而來的曉堂道收亡故，時年三十三歲，於是返回黃檗山祭奠。是年六月，為後水尾法皇作《十牛頌》，法皇賜紫（紫袈裟）以酬謝。皇子一乘院真敬法親王以及皇女光子內親王拜之為師，深受皇室歸崇。寬文八年（一六六八），在黃檗山內建立塔頭法苑院，翌年入住。

寬文十三年（一六七三）四月三日（陽曆五月十九日）隱元圓寂，高泉在靈堂棺傍守孝百日。延寶三年（一六七五），加賀藩第四代藩主前田綱紀恭請高泉到金澤城，開創明法山獻珠寺。翌年八月，歸黃檗山松隱堂內，編撰《東渡諸祖傳》二卷。

延寶六年（一六七八）在弟子雷洲開創的山城國紀伊郡伏見大龜谷天王山佛國寺，被延請為開山第一祖，翌年四月三日陞座。元祿五年（一六九二）正月二十一日，第四代住持獨湛退居，高泉推舉為黃檗山第五代住持。得到了翁道覺（一六三〇至一七〇七年，高泉法嗣）布施的巨額淨財，山內法堂、禪堂、齋堂、東方丈、西方丈等諸堂閣以及塔頭得以重修，全山煥然一新。

元祿七年（一六九四）十一月二十三日，得皇室賜贈紫衣。翌年十月十六日，示寂於黃檗山，世壽六十三，法臘四十四。寶永二年（一七〇五）十二月十六日，靈元上皇追賜「大圓廣慧國師」，並於享保十二年（一七二七）十月一日，再追謚「佛智常照國師」。

高泉被後世尊為「黃檗山中興之祖」。著述有《佛國高泉禪師語錄》八卷、《洗雲集》十卷、《山堂清話》一卷等。高泉也多才多藝，其書法風神超邁、骨力遒勁，為世所珍愛。

悦山道宗

悦山道宗，泉州府晉江縣孫氏子，崇禎二年（一六二九）八月二十二日生。南明永曆五年（一六五一）十二月八日，二十三歲時依泉州彌陀巖近雲和尚出家。後往漳州南山寺，從亙信行彌參禪。

永曆十一年（日本明曆三年，一六五七）六月一日，二十九歲時應長崎福濟寺蘊謙戒琬（一六一〇至一六七三年）所招請東渡。後參學於木庵性瑫，並於萬治三年（一六六〇）十月，隨木庵前往攝津普門寺省覲隱元。

寬文元年（一六六一）夏，與師叔大眉性善等協助隱元創建黃檗山，先後擔任典座、副寺等要職。寬文十年（一六七〇）於黃檗山內建立塔頭慈福院；同十二年九月一日，得木庵衣缽，為臨濟正宗第三十四代法嗣。

延寶三年（一六七五）秋，四十七歲時應請住持攝津舍利寺，法門為之一振。天和四年（一六八四）正月，本師木庵示寂。受木庵遺命，先後輔助慧林、獨湛、高泉、千呆弘化。

寶永二年（一七〇五）二月，七十七歲時，擔任黃檗山第七代住持，振錫三年。於寶永四年（一七〇七）正月，七十九歲時，讓位於法弟悅峰道章（一六五五至一七三四年，錢唐顧氏，獨湛法嗣），歸隱慈福院。寶永六年（一七〇九）七月二十九日在慈福院中圓寂，世壽八十一歲，嗣法門人有四十八名。著作有《南岳悅山禪師語錄》、《黃檗悅山禪師語錄》等傳世。

悅山道宗的書法功底十分扎實，用筆豪放多姿；尤其臨終前二日所書〈示眾偈〉以及圓寂前所寫〈遺偈〉，筆墨枯溼濃淡相映，體現了禪者的高尚精神風貌。

貳・隱元黃檗禪的思想與文化

觀其家風，如有禪行；然，忽然高唱彌陀佛號，宛如淨土宗所為；忽然又結印指畫，儼然似真言宗（密宗）之儀軌。

自寬文初隱元開山黃檗，至二十一代大成照漢（一七〇九至一七八四年，一七七五至八四住持黃檗），其間除了第十四代、第十六代、第十七代和第十九代由日僧住持之外，黃檗祖山住持一職皆請東渡而來的唐僧擔任，相續了百二十餘年。因此，黃檗山可以說是一座典型的唐寺，也一直保持著中國寺院的特色。

黃檗禪的發展與教法

我們現在將黃檗宗作為鼎立於臨濟和曹洞兩大禪宗的獨立宗派來看待；其實，從隱元那時起，一直以臨濟正宗禪派自稱；後來，山內與世間或有稱言黃檗宗者，但是還沒有正式號稱黃檗宗。

當然，黃檗一派的禪風是具有融合淨土、華嚴、天台等諸宗的明代佛教特色，在教法與儀式等多方面與當時的日本佛教，尤其是臨、曹兩宗頗為不同。不過，由於得到歷代皇親國戚與德川幕府以及諸國大名的護持，得天獨厚的黃檗禪法一度風靡東瀛各地。據記載，當時在江戶城和京畿等重地乃至津津浦浦與大街小巷，經常出現有穿戴著黃檗宗僧人的衣冠模樣、妄稱黃檗派下僧人的假僧侶持著緣簿向世人化緣；從此一側面，可見黃檗宗的人氣以及影響力。

但是，到了江戶後期，黃檗禪派由於人才不足等原因，日顯衰微之象。慶應三年（一八六七），幕府第十五代將軍德川慶喜「大政奉還」於皇室之後，以明治天皇為中心的君主立憲制新政府，為了削弱舊勢力，頒發「神佛分離令」，而引發「廢佛毀釋」運動，使日本佛教受到嚴重打擊，九州薩摩（今鹿兒島縣）的佛寺幾乎化為烏有；當然，黃檗禪派也難逃厄運。

到了明治七年（一八七四），明治政府教部省將禪宗限定為臨濟與曹洞二宗，而將黃檗禪改稱為「臨濟宗黃檗派」。到了明治九年，才正式公許「黃檗宗」之名，之後作為獨立的一宗，與臨、曹兩大禪宗並駕齊驅。

黃檗宗最鼎盛期間，有十一支法派，以黃檗山萬福寺為本山，全國末寺（下屬子孫寺院）有一千零四十三座；而經過明治排佛運動之後，黃檗宗勢力大減，到了大正十二年（一九二三），宗內末寺僅存四百八十三所。據最新統計，至今黃檗宗末寺作為宗教法人有四百六十一座登記在冊，全國信眾約有三十五萬人；當然，比起末寺以萬數計的曹洞宗、與號稱末寺五千的臨濟宗妙心寺派而言，算是規模較小的宗派。但是，在黃檗宗成立與發展的三百六十餘年歷史中，雖經世間巨變而盛衰交替，黃檗宗的禪法及其文化，對日本社會的各個層面都產生了莫大影響。

隱元所開創的日本黃檗宗，是繼承和發展了明末天童派密雲圓悟與徑山費隱通容的臨濟以來的棒喝頓悟禪，以臨濟正宗為標榜，感覺不到有禪淨雙修的作風。當然，明朝的禪林，大凡使用的經典是《念佛緣起文》與《阿彌陀經》等與淨土有關的內容，也有繞念阿彌陀佛的課誦，同時也注重傳受三壇大戒的行事，在禮儀作法中也有施餓鬼（放燄口）等密宗儀軌，而且在說教上有融合儒道思想的成分；但是，這些都是當時中國普遍的融合性佛教儀式。

隱元師承天童圓悟的禪風，拈提禪家古則公案，以棒喝問答商量來提撕後學；因此，直至今日還有一部分黃檗宗僧侶，堅持主張宗祖隱元是純粹的臨濟宗禪法，並沒有主張禪淨雙修的特色。不過，儘管如此，隱元東渡至長崎與福寺，在前去參究的日本禪人眼中，顯然是有淨土念佛乃至密教儀軌的濃厚異國宗教色彩；尤其是第四代的獨湛性瑩，極為注重淨土念佛，在修持上也主張欣求極樂國土。

因此，黃檗宗的禪風雖然在明朝人眼中是司空見慣的，直到今日的中國佛教寺院，依舊承續著這種自明清以來的修行方法；然而，在當時日本人看來，無疑頗有新鮮感，大別於當時一味承繼宋元時代禪宗的日本禪林之日常行持與威儀作法。

但是，正因為如此，隱元開闢的黃檗宗，在日本得到強烈的關注；隱元深受皇室以及幕府為中心的上層社會歸崇，而隱元所舉行的三壇大戒法會，也深得日本一般民眾的歡迎。此外，隱元所制訂的《黃檗清規》，對日本臨、曹二宗戒律思想的復興運動起到至關重要的影響。

黃檗宗的本山、末寺一體制度，也對日本禪宗的制度化產生很大的借鑑作用，這方面的研究還有不足，有待今後予以彌補。

黃檗禪文化及其傳播

前面已敘述了黃檗宗的特色與思想等內容，接下來概述黃檗文化的內涵以及傳播的情況。

對佛教文化的影響

隱元所建立的京都黃檗山萬福寺，不但山號寺名沿用福清的祖山，伽藍結構配置、堂內佛像布置等也完全沿襲明朝禪林的樣式。到了萬福寺，彷彿回到了中國江南地區的天童、靈隱等古剎。以中軸線順次為山門、天王殿、佛殿、法堂，而左邊是鼓樓、祖堂、禪堂、西方丈；右邊為鐘樓、伽藍殿、五觀堂（齋堂）、東方丈，左右對稱，皆以迴廊連接諸殿堂，渾然一體，蔚然大觀。

而且，禮拜的佛像以及菩薩與聖賢諸像，也具有中國明代東南地區的風格。例如，以布袋和尚為造型的彌勒佛像（范道生作），以華光菩薩坐像（范道生作）和韋馱菩薩為伽藍神，以及十八羅漢（以前日本禪林皆為十六羅漢）等，皆與日域有別而大放異彩。日誦經典也以明朝讀音，黃檗山內的念誦中至今依舊多有著濃厚的唐音。前文已經提到的木魚等明代寺院所用的法器類，也讓當時的日本禪僧大為稱奇。

此外，木庵的日本弟子鐵眼道光（一六三〇至一六八二年），在寬文八年（一六六八）以明萬曆版為底本的《黃檗版大藏經》（鐵眼版）的覆刻開版，經十餘年歲月，終於在延寶六年（一六七八）京都木屋町二條的印經房（現在的貝葉書院）上梓出版。黃檗山寶藏院所保管的鐵眼版一切經，原共計六萬塊版木，現存四萬八千二百七十五塊，是日本重要文化寶藏，也堪稱是黃檗宗對世界佛教文化的一大偉業。

繪畫、書法、篆刻

另外，由逸然性融開始的「唐繪」（明代繪畫），以強烈的色彩與渲染將日本社會所崇尚的宋元古典畫風為之一變。在初期東渡的黃檗禪僧中，精於繪畫者甚眾，上文也提及過。例如，禪僧的肖像畫（頂相），日本禪林皆以宋元的七分側面來製作；而到了明代禪林，按儒家宗廟正面肖像畫的形式作頂相畫。黃檗宗新型的十分正面頂相畫，一改日本禪林的舊規。

在書法方面，隱元、木庵、即非、獨立、獨湛以及高泉、悅山、曇瑞（千呆）與道本等，皆以明代流暢灑脫的正統書風聞名於日本，被稱為「黃檗風」。而獨立精於篆隸楷行草五體，又以石材治印聞名於日本禪林與士林，被譽為日本篆刻之祖。

前面也提及，獨立等黃檗僧還精於醫術，對日本漢方醫學的發展貢獻甚大。此外，隱元及其門下，如即非、獨立、高泉等，皆精於詩文，足可代表明代高度的文化藝術水準，使日本朝野上下為之傾倒。

煎茶道

宋元時代傳入日本禪林的吃茶文化，醞釀成了千利休為祖的千家流茶道。而隱元等則傳來了明代閩地的飲茶風氣與作法，形成了日本新興的詩書畫三昧禪茶趣味的「煎茶道」，對當時日本社會上流階層乃至宗教界與文化界的影響頗大。

現在還留存著當年隱元使用過的江南宜興窯所燒製的紫砂大茶壺（日本叫「紫泥大茶罐」）。隱元當時與弟子們用故鄉的茶葉，在冬禪時節以雪煮茶，留下了「雪中煮茶」的詩篇。日本五山文學中有很多涉及煎茶的詩文，足見其獨特的喫茶趣味。

日本煎茶家的系譜中，傳有江戶後期煎茶道茶人梅樹軒賣茶東牛所著的

《煎茶綺語》；據說，東牛是德川家康的重臣石川丈山的後裔。而有「煎茶道中興之祖」稱號的賣茶翁月海元昭（一六七五至一七六三年），還俗後取名高遊外，為肥前佐賀縣蓮池人；十一歲時投同邑寶壽山龍津寺獨湛的門人化霖道龍和尚出家，後在全國各地遊行。

六十歲之後，在京都東山設立「通仙亭」，自己每天用擔子挑著煎茶器物，奔走在京都各名勝處開茶鋪賣茶；身穿中國道教仙家的鶴氅法衣，自號「賣茶翁」，以賣茶為生。他那用煎茶道具煮茶、賣茶的風姿，讓當時京都的人們留下深刻印象。寶曆五年（一七五五），八十一歲的賣茶翁高遊外，將自己長年賣茶的擔子等在「仙窠」中付之一炬，並將茶器送給交遊甚篤的文人墨客，結束擔茶營生，之後以八十九歲高齡辭世。

當時的著名畫家伊藤若沖有《賣茶翁圖》傳世，十分生動。與賣茶翁交流的有池大雅、大典顯常、龜田窮樂、彭城百川、伊藤若沖、宇野士新、木村蒹葭堂等名士，受其影響而奠定了後世文人煎茶趣味的基礎。之後，以賣茶翁為雛形的煎茶文化，以關西為中心，成為當時知識界不可少的生活情趣，此風並發展到日本各地。

著有怪異小說《雨月物語》的上田秋成（一七三四至一八〇九年），便是一位嗜好煎茶的大學者，他寫了一本名為《清風瑣言》的書，是洋溢煎茶趣味的茶書，可稱是一代煎茶家。

次時代的文人墨客如田能村竹田、賴山陽、岡田半江、浦上春琴、青木木米、篠崎小竹，以及後來的大畫家富岡鐵齋等，都嗜好煎茶，飲茶談道，蔚然成風，內涵「隱逸」、「離俗」、「清風」三要素之生活準則。現在由三十八個流派加盟的煎茶道活躍於日本各地，萬福寺內尚存賣茶堂一宇，額為「茶禪」，甚有幽趣。

還有隱元等黃檗禪僧傳來的中國素食文化，即日本所說的「普茶料理」，也深深影響了日本。如以「隱元豆」命名的、與刀豆相類似的豆種，是日本老孺皆知的蔬菜。還有西瓜、蓮根（蓮藕）、竹筍、寒天（紅藻萃取物）等，也是隱元所命名、普茶料理中的常見蔬菜。隱元所傳的黃檗宗對日本的飲食文化可謂影響巨大。

臺灣亦有黃檗宗

總而言之，隱元創立的黃檗宗，後來不但成為與日本臨濟宗、曹洞宗相鼎立的獨立宗派，而且是一個具有深厚中華文化底蘊的佛教教團，在各個文化領域乃至生活飲食等諸多方面恩蔭扶桑。

二〇一一年為日本黃檗開宗三百五十周年，二〇二二年則是宗祖隱元禪師圓寂三百五十周年，令和天皇再諡「嚴統大師」尊號，以示追崇遺德之萬一。隱元所傳的黃檗宗，在中國與日本乃至整個世界文化史上所作出的卓越貢獻，非才疏學淺的拙者之筆端所能道盡；然而，作為忝列天童密雲遠孫之一介漂泊東瀛、僭越不肖的衲子來說，能夠有緣編撰隱元禪師之傳記，以饗海內外廣大讀者，也可謂是祖德之庇祐，感之無量！希望以此拋磚引玉，將來有更多的學者關心與研究黃檗禪與黃檗文化。

最後在本書中提一下，此書的寫作，得益最多的是拜讀畏友林觀潮博士的著作。他的著作中還提到，由大陸來臺弘法高僧廣欽照敬（一八九二至一九八六年）是傳承隱元黃檗禪法的第十三代法孫，可謂在黃檗山外別開了一枝獨秀。法脈枝葉繁衍無窮，乃三界蒼生之鴻福也，至禱不盡。

記得以前在京都黃檗山的大堂內，曾瞻仰過傳說是隱元一直供奉著的「林公在田　龔氏孺人之神位」之考妣牌位，深感隱元既是一位大徹大悟、開山立宗的東渡高僧，又是一位敬順父母的孝子。自六歲時，父親離鄉外出之後音信杳無，踏遍神州而尋覓不得；在隱元波瀾壯闊的一生中，可說是一樁難以釋懷的憾事。如今，想必父子在佛國得以團聚重會，可以圓夢了。

附錄

隱元隆琦年譜（西元一五九二至一六七三年）

歲數——西元——明末清初年號（日本年號；東渡後，中日年號前後更換）

一歲　一五九二　明萬曆二十年（文祿元年）

十一月四日，出生於福建省福州府福清縣萬安鄉靈得里東林村，父林德龍，母龔氏。

六歲　一五九七　萬曆二十五年（慶長二年）

父親前往湖南、湖北一帶，一去不歸，不知音訊。

九歲　一六〇〇　萬曆二十八年（慶長五年）

鄉里中峰社學讀書。

十歲　一六〇一　萬曆二十九年（慶長六年）

是年冬輟學，在家中侍候母親。時陪母去寺進香禮佛，並以耕樵為業。

十六歲　一六〇七　萬曆三十五年（慶長十二年）
遙望夜空星月，讚歎天地宇宙之神祕，頓生出塵之想。

十八歲　一六〇九　萬曆三十七年（慶長十四年）
往徑江參加念佛會，遇僧必問佛法奧義。

二十歲　一六一一　萬曆三十九年（慶長十六年）
母親與長兄欲為其操辦成婚之事，堅拒不允，以父親未歸為由，實有超然物表之心。

二十一歲　一六一二　萬曆四十年（慶長十七年）
初出遠門往浙江省諸地打聽尋訪父親音訊與蹤跡，將母兄所給婚事銀錢充作路費。

二十二歲　一六一三　萬曆四十一年（慶長十八年）
尋父途次，在紹興結識方先生，同遊名勝並受其教益。

二十三歲　一六一四　萬曆四十二年（慶長十九年）
到舟山普陀山觀音道場，寄身在潮音洞隨眾學佛，任茶頭接待僧俗四眾。

二十四歲　一六一五　萬曆四十三年（元和元年）
是年春三月，返回久別四年的故鄉。

二十五歲　一六一六　萬曆四十四年（元和二年）
欲往普陀山出家為僧，因老母苦勸而作罷，依舊耕樵度日。

二十六歲　一六一七　萬曆四十五年（元和三年）
說服母兄，辭親往普陀山出家。途中遇到強盜，盤纏盡無，萬般無奈，遂歸鄉。

二十八歲　一六一九　萬曆四十七年（元和五年）
母親亡故，為母做佛事。黃檗鑑源興壽和尚一語點破出家機要，遂有隨師學道之念。

二十九歲　一六二〇　泰昌元年（元和六年）

二月十九日，隨興壽和尚出家。因寺失修，出門化緣，並在途次聽講《楞嚴》諸經。

三十歲　一六二一　天啟元年（元和七年）

為募緣計往北京，因多亂滯留杭州，在雲門山顯聖寺聽湛然圓澄講《涅槃》；時初聞費隱通容之清譽，暗生仰慕之心。六月起，行腳參訪諸方尊宿。

三十三歲　一六二四　天啟四年（寬永元年）

於海鹽積善庵過夏，往金粟山廣慧寺參見密雲圓悟，在禪堂參究，與密雲往來酬答，甚得禪旨。

三十五歲　一六二六　天啟六年（寬永三年）

於金粟山中受密雲鉗鎚。在密雲法嗣五峰如學的激勵啟發之下，大徹禪門源底。

三十六歲　一六二七　天啟七年（寬永四年）

於金粟山頌古社；三十則頌古中，隱元所頌第二十七則，為密雲點出認可，一堂雲衲悉皆歎服。此後，隱元之名漸聞於江湖。

三十七歲　一六二八　崇禎元年（寬永五年）
隱元於金粟山授戒法會中，擔任證戒阿闍梨，深得密雲器重。

三十八歲　一六二九　崇禎二年（寬永六年）
春解制後，辭別金粟山，呈悟道偈，得密雲默許。往嘉善狄秋庵結緣諸善信。
八月，密雲受黃檗山請，喚回隱元至金粟，商議入閩住持事宜。

三十九歲　一六三〇　崇禎三年（寬永七年）
三月二十七日，隨侍密雲晉山黃檗，回到一別十年的祖山。
受命南行募化，七月抵廣東潮州，然募化不果，空手還鄉。

四十歲　一六三一　崇禎四年（寬永八年）
在福清縣獅子巖閒居，長養聖胎。

四十二歲　一六三三　崇禎六年（寬永十年）

十月十五日，費隱通容住持黃檗山，受命西堂要職。

四十三歲　一六三四　崇禎七年（寬永十一年）

是年一月，嗣法費隱通容於黃檗，依舊閒居獅子巖。

四十六歲　一六三七　崇禎十年（寬永十四年）

得費隱法卷以及法衣等傳法信物。十月一日，繼費隱後主席黃檗山，開堂說法。

五十一歲　一六四二　崇禎十五年（寬永十九年）

七月七日，密雲在通玄寺示寂。最初的《黃檗隱元禪師語錄》二卷刊行問世。

五十二歲　一六四三　崇禎十六年（寬永二十年）

是年春，傳法與無得海寧，乃為最初法子。

於黃檗山修復伽藍，基本上圓滿。

五十三歲　一六四四　清順治元年（正保元年）

是年三月十九日崇禎自縊，明亡。

春，往福清萬安福善堂追薦中天正圓。

三月，讓黃檗法席與亙信行彌。往金粟山省覲費隱。五月，又往天童禮密雲祖塔。

十月十七日，入住嘉興府崇德縣福嚴禪寺。

五十四歲　一六四五　順治二年（正保二年）

三月二十二日，福州府長樂縣龍泉禪寺晉山陞座。傳法與玄生海珠和西巖明光。

五十五歲　一六四六　順治三年（正保三年）

春，付法慧門如沛。正月二十五日，再住黃檗山。夏，傳法與也懶性圭。

五十六歲　一六四七　順治四年（正保四年）

春，付法良冶性樂。二月，清兵攻陷福清鎮東、海口。

六月，赴東嶽修水陸法會追薦亡者。

五十八歲　一六四九　順治六年（慶安二年）

傳法與中柱行砥。翌年傳法與木庵性瑫、虛白性願。

六十歲　一六五一　順治八年（慶安四年）

春，付法與即非如一。六月，法子也懶應日本長崎崇福寺所請，渡海時船破溺水而亡。

六十一歲　一六五二　順治九年（承應元年）

春，付法與心盤真橋。夏，費隱六十壽誕，大眉性善代祝往浙東。

十二月八日，黃檗舉行授戒會；宣疏至明太祖洪武年號時，感傷涕泣。

六十二歲　一六五三　順治十年（承應二年）

黃檗有暴徒闖入，靜坐不動。

十一月，古石性榮持日本長崎興福寺主逸然性融招聘書簡而來，十二月一日回信。

六十三歲

一六五四　順治十一年（承應三年）

一月，黃檗山大眾因知隱元辭山欲東渡而上方丈哭泣挽留，隱元約定出山三年。

二月，付法三非性徹。五月十日，上堂辭眾。

六月二十一日，率徒眾乘鄭成功船從廈門起錨，東渡日本。

七月五日抵達日本長崎，翌日在興福寺陞座。

十一月十五日，興福寺結制冬安居，獨言性聞為西堂，日僧虛櫺了廓為堂主。廣超弘宣、良照性杲得法。

六十四歲

一六五五　日本明曆元年（順治十二年）

五月二十三日，入住長崎崇福寺。妙心寺竺印祖門來訪，帶龍溪宗潛招聘書請住攝津普門寺。

七月九日，木庵東渡至長崎。

九月六日，入山普門寺。

十月十二日，板倉重宗大臣來訪普門寺，詢問隱元渡來事由。

六十五歲

一六五六　明曆二年（順治十三年）

屏居普門寺，常熙興焰得法。

十月，應龍溪、禿翁、竺印等邀請，往京都遊訪妙心、南禪、東福等禪刹，妙心住持計畫因山內有力長老反對而受挫。

六十六歲

一六五七　明曆三年（順治十四年）

隱元有歸國之念，日僧龍溪等苦苦挽留。

八月，幕府供養普門常住月俸。

六十七歲

一六五八　萬治元年（順治十五年）

是年七月，龍溪從江戶歸，請往江戶弘化。

十一月一日，由龍溪、禿翁等相引登江戶城謁見德川家綱將軍，得所供銀兩等物。

六十八歲

一六五九　萬治二年（順治十六年）

五月，得酒井忠當布施京都宇治寺地的書信。隱元為建新寺，打消歸國之念，周遊京畿各大名寺。

六十九歲

一六六〇　萬治三年（順治十七年）

四月二十九日，在眾檀越主陪同下，檢閱大和田新寺領地。

十月，木庵到普門寺拜見。

十二月十六日，新寺地受領。十八日，決定新開寺院仍冠祖地名號：黃檗山萬福寺。

七十歲

一六六一　寬文元年（順治十八年）

三月二十九日，得法恩師費隱在徑山圓寂。

八月二十九日，隱元晉山京都黃檗山。

十一月四日，隱元迎來古稀壽誕。同月十九日，得知費隱遷化音訊，不勝悲切。

七十一歲

一六六二　寬文二年（康熙元年）

全力傾注於京都黃檗山內伽藍聖像的建造。歲暮得幕府令旨，同意明春祝國開堂法會。

七十二歲　一六六三　寬文三年（康熙二年）

正月十五日，黃檗山舉行祝國開堂。

五月二十五日，在龍溪引薦下，入皇居為後水尾法皇說禪。

十二月，舉行初次黃檗山三壇戒會。

七十三歲　一六六四　寬文四年（康熙三年）

春，付法龍溪性潛。五月，付法獨湛性瑩。

九月，讓住持位與木庵，退居松隱堂。

七十四歲　一六六五　寬文五年（康熙四年）

八月十五日，大眉性善得隱元法。

退居生活依舊老當益壯，弘法不倦。期間，山內諸堂在皇室與將軍家以及眾檀越的護持下，漸次落成。

七十九歲　一六七〇　寬文十年（康熙九年）

八月二十三日，法子龍溪性潛圓寂。是年，立父母牌位於松隱堂內。

八十歲

一六七一　寬文十一年（康熙十年）

春，付法獨照性圓。八月十五日，付法南源性派。

八十一歲

一六七二　寬文十二年（康熙十一年）

春，應京都泉涌寺天圭照周相請出訪。秋，獨吼性獅得法。

除夕書辭歲偈，有離世之意。

八十二歲

一六七三　寬文十三年（康熙十二年）

元旦，付法獨本性源。

二月十九日示微疾。三月一日，書遺書與遺偈留給福清古黃檗法眷等。

四月一日，書謝恩偈與將軍家綱。同月二日，後水尾法皇授封「大光普照國師」號。同月三日，書下遺偈，安詳示寂。

【示寂後】

日本延寶三年（一六七五）四月三日，龕入開山塔。

享保七年（一七二二）圓寂五十年遠忌，靈元上皇追封「佛慈廣鑑國師」之號。

明和九年（一七七二）圓寂百年遠忌，後桃園天皇追謚「徑山首出國師」之號。

文政五年（一八二二）圓寂一百五十年遠忌，仁孝天皇追封「覺性圓明國師」之號。

大正六年（一九一七）大正天皇授予「真空大師」尊號。

昭和四十七年（一九七二）昭和天皇授予「華光大師」尊號。

令和四年（二〇二二）圓寂三百五十年遠忌，令和天皇追謚「嚴統大師」尊號。

日本黃檗宗法脈圖（依費隱通容承嗣來源再製）

六祖下

南嶽懷讓—馬祖道一—百丈懷海—黃檗希運—臨濟義玄—興化存獎—南院慧顒—風穴延沼—

首山省念—汾陽善昭—石霜楚圓—楊岐方會—白雲守端—五祖法演—圜悟克勤—虎丘紹隆—

天童曇華（應庵）—密庵咸傑—破庵祖先—無準師範—雪巖祖欽—高峰原妙—中峰明本—千巖元長—

萬峰時蔚—寶藏普持—虛白慧旵—海舟普慈—寶峰明瑄—天奇本瑞—絕學正聰—月心德寶—

禹門正傳（幻有）
- 密雲圓悟（天童）
  - 費隱通容（徑山）
    - **隱元隆琦**
      - 慧門如沛
        - 高泉性潡
        - 渾古普洽
        - 清斯真淨—仲祺實任
        - 天池明晟
      - 木庵性瑫—悅山道宗
      - 即非如一—千呆性安
    - 亙信行彌—道者超元—盤珪永琢
  - 破山海明
  - 牧雲通門
  - 浮石通賢
  - 木陳道忞
  - 石車通乘
- 雪嶠圓信
- 天隱圓修—玉林通琇

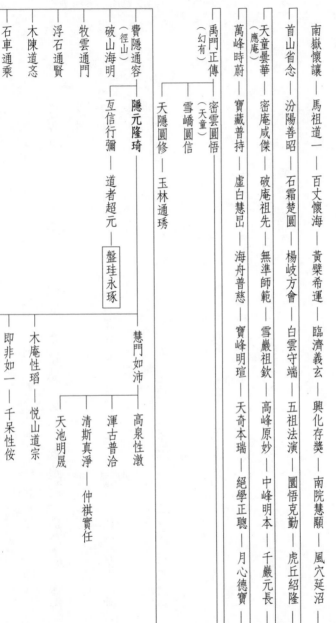

- 五峰如學
- 朝宗通忍
- 漢月法藏—繼起弘儲
- 林野通奇
- 石奇通雲
- 萬如通微

- 龍溪性潛—圓淨道覺（後水尾法皇）
- 良冶性樂—惟吉道謙
- 虛白性願—壁立如逕
- 廣超弘宣—良準明標……廣欽照敬（臺灣・隱元下第十三代）
- 獨湛性瑩
- 無得海寧
- 也懶性圭
- 玄生海珠
- 西岩明光
- 中柱行砥
- 心盤真橋
- 南源性派
- 大眉性善
- 慧林性機
- 三非性徹
- 良照性杲
- 常熙興焰
- 獨吼性獅
- 獨照性圓
- 獨本性源
- 獨真性空（板倉重宗）

註：標示框線者為日本人

參考資料

古籍與工具書

新版《禪學大辭典》，大修館書店
《黃檗寺志》明崇禎年版
《黃檗山寺志》南明永曆年版
《費隱禪師語錄》
《費隱禪師語錄別集》
《隱元禪師語錄》
《普照國師年譜》
《東渡諸祖傳》
等，以上後五種均為江戶時期木刻版本。

日文著作以及論文

《墨》63集《黃檗の書》
《隱元禅師と黃檗文化の魅力》，京都黃檗山萬福寺。
高橋竹迷，《隱元・木庵・即非》，丙午出版社。
平久保章，《新纂校訂隱元全集》，開明書院。
竹貫元勝，《近世黃檗宗末寺帳集成》，雄山閣。
《臨濟宗黃檗宗宗學概論》，花園大學禪文化研究所。
《隱元禪師逸話選》，花園大學禪文化研究所。
木村得玄，《黃檗宗の歷史・人物・文化》，春秋社。
木村得玄，《黃檗宗資料集成》，春秋社。
木村得玄，《校注江戶黃檗禪剎記》，春秋社。
田中智誠，《黃檗山の十二ヶ月》，黃檗宗鳳翔山正瑞寺。

田中実マルコス，《黄檗禅と浄土教——萬福寺第四祖獨湛の思想と行動》，佛教大學。
張聖嚴，《明末中國佛教の研究》，山喜房佛書林。
長谷部幽蹊，《明清佛教教團史研究》，同朋舍。
柳田聖山，〈隱元の東渡と日本黄檗宗〉《禪と日本文化》，講談社。
柳田聖山，〈隱元盤石の書〉，《禪畫報》第二十號。
鎌田茂雄，〈中國佛教儀禮の日本傳播——黄檗山萬福寺を中心として〉《中國の佛教儀禮》，大藏出版。
小野和子，〈動乱の時代を生きた隱元禪師〉，《禪文化》第百二四號，花園大學禪文化研究所。
胡建明，〈明末清初天童密雲圓悟禪師法嗣間諍論〉，《早稻田大學大學院文學研究科紀要》第六五輯。

等等

中文著作

陳垣，《清末僧諍記》，中國書店。

林觀潮，《臨濟宗黃檗派與日本黃檗宗》，中國財富出版社。

林觀潮，《中日黃檗山志五本合刊》，宗教文化出版社。

等等，中文論文略。

國家圖書館出版品預行編目(CIP)資料

隱元隆琦：日本黃檗宗初祖／胡建明編撰 — 初版
臺北市：經典雜誌，慈濟傳播人文志業基金會，2023.12
400 面；15×21 公分 —（高僧傳）
ISBN 978-626-7205-72-3（精裝）
1.CST:（清）釋隱元 2.CST: 禪宗 3.CST: 佛教傳記
229.37 112020106

隱元隆琦——日本黃檗宗初祖

創 辦 人／釋證嚴

編 撰 者／胡建明
主編暨責任編輯／賴志銘
行政編輯／涂慶鐘
美術指導／邱宇陞
插圖繪者／徐淑貞
美術編輯／徐淑貞
校對志工／林旭初

發 行 人／王端正
合心精進長／姚仁祿
傳 播 長／王志宏

出 版 者／經典雜誌
慈濟傳播人文志業基金會
112019臺北市北投區立德路2號
客服專線／（02）28989991
傳真專線／（02）28989993
劃撥帳號／19924552 戶名／經典雜誌
印 製／新豪華製版印刷股份有限公司
經 銷 商／聯合發行股份有限公司
231028新北市新店區寶橋路235巷6弄6號2樓
（02）29178022
出版日期／2023年12月初版一刷
定 價／新臺幣380元